Hans Glinz: Deutsche Grammatik I

Studienbücher
zur Linguistik und Literaturwissenschaft

herausgegeben von

Hans Glinz · Horst Sitta · Klaus Brinker · Josef Klein

Band 2

Hans Glinz

Deutsche Grammatik I

Satz — Verb — Modus — Tempus

Athenaion

3. verbesserte Auflage

© 1975 by Akademische Verlagsgesellschaft Athenaion, Wiesbaden
© 1970 by Athenäum Verlag GmbH, Frankfurt am Main
Printed in Germany   Alle Rechte vorbehalten
Druck: Offsetdruckerei F. Wolf, Heppenheim

ISBN 3 - 7997 - 0608 - 9

Vorwort zur dritten Auflage

Die Grammatikbände I/II, die hier in neuer Auflage erscheinen (1. Aufl. 1970 bzw. 1971) sollen einführen in die wissenschaftliche Behandlung der deutschen Grammatik von einem operationalen Standpunkt aus. Sie sollen zeigen, wie man die elementaren grammatischen Begriffe (Wortarten, Wortformen, Satzglieder) gewinnt bzw. überprüft durch Anwendung systematischer Operationen auf verschiedene (grundsätzlich beliebige) Texte.

Dabei geht es in erster Linie um die *funktionierenden grammatischen Einheiten, Formklassen und Strukturen* (z. B. beim Verb um den Unterschied zwischen Grundformen und Personalformen, innerhalb der Grundformen um den Unterschied zwischen Infinitiv und Partizip, um den Unterschied von Präsens und Präteritum usw.), und es geht um die *generellen Bedeutungen,* die mit diesen funktionierenden Einheiten, Formklassen und Strukturen fest verbunden sind (z. B. um die Bedeutungsunterschiede zwischen Präsens, Futur, Präteritum, Perfekt, Plusquamperfekt, um die Bedeutungsunterschiede zwischen dem Indikativ und dem Konjunktiv I und II).

Es geht *nicht* um die verschiedene lautliche Darstellung der verschiedenen Einheiten und Formklassen (also z. B. um die verschiedene „Bildung" des Partizips, etwa bei „sehen — *gesehen", „*gehen — *gegangen", „*drehen — *gedreht", „*erkennen — *erkannt".*

Es geht auch zunächst noch *nicht* um die Bedeutungen und ganzen Bedeutungsstrukturen *als solche,* sondern es geht erst um diejenigen Bedeutungen, die fest mit bestimmten Formklassen verbunden sind — soweit das überhaupt der Fall ist (mit so wichtigen Formklassen wie Maskulin-Feminin-Neutrum oder Nominativ-Akkusativ-Dativ-Genitiv sind z. B. *keine* festen Bedeutungen verbunden, diese Formklassen stellen daher meistens reine grammatische Mechanismen dar).

Die beiden Bände behandeln also die *Morphosyntax* des Deutschen (= den Bereich der funktionierenden Einheiten, Formklassen und Strukturen) mit Einbezug einiger Bereiche der *Nomosyntax* (der Bedeutungsstrukturen an sich) dort, wo diese von der Morphosyntax her klar genug faßbar sind — das gilt vor allem für die Aussageweisen und die grammatischen Zeiten beim Verb (Modus und Tempus), für die beiden Passive gegenüber dem Aktiv, für den Plural (bei den Nomen, Pronomen und Adjektiven) gegenüber dem Singular und für den Aufbau der komplexen nominalen Ausdrücke („der X des Y mit dem Z").

Nicht behandelt wird die rein lautliche Darstellung (die Phonomorphie). Diese ist in der bisherigen Arbeit der Grammatiker (nicht nur des Deutschen, sondern so gut wie aller Sprachen) immer am meisten berücksichtigt worden, und es ist daher unökonomisch, hier weitere wissenschaftliche Arbeit zu investieren, solange noch viel wichtigere Bereiche zu wenig durchgearbeitet sind. Wer Orientierung über die rein lautliche Seite der Grammatik sucht, findet sie in allen gängigen Grammatiken, z. B. in der Duden-Grammatik (1. Aufl. 1959, ³1973) oder in der Grammatik von J. Erben (1. Aufl. 1958, ¹¹1972, München).

Für die traditionelle Behandlung der deutschen Grammatik (und z. T. auch für moderne Darstellungen) ist es kennzeichnend, daß man meistens *keine* klare Unterscheidung macht zwischen den bloß lautlichen Erscheinungen (Phonomorphie), den funktionierenden Einheiten, Formklassen und Strukturen (Morphosyntax) und dem Bereich der Bedeutungen an sich (Nomosyntax). So ist z. B. die traditionelle Wortart „Zahlwörter" rein von der Bedeutung her abgegrenzt, die traditionellen Wortarten „Artikel, Demonstrativpronomen, Relativpronomen" werden rein von bestimmten grammatischen Mechanismen her bestimmt, und für die traditionelle Wortart „Adverb" ist eine meistens undurchschaute Mischung von Kriterien maßgeblich. Beim Verb werden oft die Begriffe „starke Konjugation" und „schwache Konjugation" im gleichen Rang gesehen wie die Begriffe von Modus und Tempus, und damit werden Unterscheidungen von sehr verschiedenem systematischem Rang in *einen* Topf geworfen.

Demgegenüber ist die hier gebotene Darstellung darauf angelegt, den *Stellenwert* der verschiedenen Bereiche im Gesamt der Sprachverwendung immer möglichst klar zu zeigen. Diesem Zweck dienen vor allem auch die Analyse-Aufgaben. An Hand dieser Aufgaben kann jeder Benutzer selbst feststellen, wie weit die entwickelten Verfahren und Begriffe allgemein anwendbar sind, welche Sicherheit erreichbar ist und wie häufig oder selten die betreffenden Phänomene sind. Bei den damit verbundenen quantitativen Betrachtungen kommt es nicht auf die genauen Zahlen an, wohl aber auf die Größenordnungen. Ein gewisses Augenmaß für die Häufigkeit bzw. Seltenheit der verschiedenen grammatischen Möglichkeiten dürfte nützlich sein für jeden, der sich wissenschaftlich mit Sprache und Literatur befaßt, und es dürfte unerläßlich sein für jeden, der auf irgendeiner Stufe Sprachunterricht zu erteilen hat.

Das *eigentliche Ziel* jeder Grammatik ist ohne Zweifel erst erreicht, wenn die *Bedeutungsstrukturen* der betreffenden Sprache in genügender Vollständigkeit erfaßt und beschrieben sind, wenn also die *Nomosyntax* der betr. Sprache vollständig bewußt gemacht worden ist. Dieses hohe Ziel ist in den vorliegenden Bänden noch nicht erreicht. Es wird auch erst erreichbar, wenn *zunächst* die Morphosyntax (der Bereich der funktionierenden Einheiten, Formklassen und Strukturen) klar genug ausgearbeitet ist und wenn der *Weg* zu einer Erfassung der Bedeutungen an sich gezeigt ist. So weit sollten die beiden Bände führen. Einen Weg zur Klärung der Verhältnisse im komplexen Satz zeigt der Band III (von W. Boettcher und H. Sitta). Eine ganz knappe Übersicht bietet der Artikel „Deutsche Standardsprache der Gegenwart" im „Lexikon der germanistischen Linguistik", hgg. von Althaus, Henne und Wiegand, 1973, S. 446—454. Eine genauere Darstellung ist in Arbeit und soll im Rahmen des Bandes „Textanalyse und Verstehenstheorie II" erscheinen.

Eine zusammenfassende Darstellung dessen, was der Grammatikunterricht bis zum Abschluß der Orientierungsstufe den Schülern klar machen sollte, findet sich in dem Band „Der Sprachunterricht im 5. Schuljahr", von E. und H. Glinz, Zürich (Sabe) 1975, Seite 44—102.

Aachen, Juli 1975   *Hans Glinz*

Lesehinweise zum vorliegenden Band

Um der Vollständigkeit der Beweisführung willen sind in den Kapiteln 3 und 5 *alle Belege* der zwei Probetexte und in den Kapiteln 7 und 8 eine zweistellige Zahl von Belegen analysiert, auch wenn schon nach den ersten zwei bis drei Beispielen das Endergebnis mit ziemlicher Wahrscheinlichkeit zu vermuten ist. Ein Benutzer, der nicht die ganze Beweisführung kontrollieren, sondern nur den Ansatz verstehen und die Ergebnisse zur Kenntnis nehmen will, kann daher die betr. Seiten schnell durchblättern; um eine schnelle Orientierung zu ermöglichen, sind die wichtigen Stellen durch Balken am Rande markiert.

Bei der Darstellung der Voraussetzungen und Methoden und bei der Entwicklung des Schichtungsmodells wird öfter auf Vergleichbares in andern linguistischen Richtungen hingewiesen (vor allem in der generativen Transformationsgrammatik). Diese Hinweise sind als zusätzliche Information zu betrachten, sie sind keineswegs erschöpfend, und sie sind nicht Bedingung für das Verständnis des hier Entwickelten.

Als allgemeine Voraussetzung für die vorgeführten Analysen ist zu betrachten, was im Band „Linguistische Grundbegriffe und Methoden-Überblick" (= Band 1 der ganzen Reihe) dargestellt ist. Insbesondere sei für die Einordnung in den Gesamthorizont der linguistischen Forschung, der europäischen wie der amerikanischen, auf Kapitel 7 dieses Grundlagen-Bandes verwiesen.

Inhaltsübersicht

1 Quellen, Methoden, Voraussetzungen, grundlegende Annahmen

1 A 1 Grundsätzliches

Die deutsche Syntax, wie sie heute noch an vielen Schulen gelehrt wird (insbesondere ihr System der „Satzglieder"), ist etwa 150 Jahre alt. Insgesamt geht die deutsche Grammatik bis ins 15. Jh. zurück. Über die lateinische und griechische Grammatik, aus denen sich alle Grammatiken der europäischen Sprachen entwickelten, reicht die Tradition bis ins 5. Jh. vor Christus zurück (Platon, Sokrates, Sophisten, Heraklit). Auch die indische Grammatik (Panini) setzt in dieser Zeit ein. Insgesamt ist also die Grammatik um zwei Jahrtausende jünger als die Mathematik, deren Entwicklung wir bis in die Mitte des dritten vorchristlichen Jahrtausends zurückzuverfolgen vermögen.

Die grammatischen Traditionen waren seit jeher umstritten, bis hinein in die elementare Fassung der Begriffe (z. B. Wortarten, Tempora). Die Begriffsschaffung erfolgte tastend, die Identifikationsverfahren wurden meist nur intuitiv gehandhabt, die zugrundeliegenden Operationen (obwohl in nicht geringem Umfang vorhanden) wurden selten bewußt gemacht und so gut wie nie systematisch und in kontrollierbarer Weise miteinander verknüpft.

Wenn wir daher die Grammatik, auch die elementare, nach sicheren wissenschaftlichen Methoden aufbauen wollen, können wir *keinen* der in der Tradition und der Alltagssprache vorhandenen Begriffe ungeprüft übernehmen (z. B. Satz, Wort, Verb, Subjekt). Wir schieben darum alle diese Begriffe zunächst mit vollem Bewußtsein zurück, und wir machen nur folgende Annahmen über unsere Quellen und die Zugänglichkeit dieser Quellen (genauer: Annahmen darüber, was uns überhaupt als Erkenntnisquelle zur Verfügung steht und inwiefern wir in intersubjektiver Weise darüber verfügen können):

1 A 1.1 *Texte*

Wir haben beliebig viele *Texte*, d. h. mit der Intention einer gewissen Dauerhaftigkeit geschaffene sprachliche Gebilde, in denen deutsche Sprache der Gegenwart in einer greifbaren Form vorliegt (zum Textbegriff vgl. den Band „Linguistische Grundbegriffe", Kap. 6). Jede deutsch geschriebene Publikation, jedes Buch, jede Zeitung, die wir zur Hand nehmen, bietet uns solche Texte.

Wir haben beliebig viele *Informanten,* d. h. Sprachteilhaber, die Deutsch in seiner heutigen Form sprechen (und zwar als *ihre* Sprache, nicht als eine erst in der Schule erlernte Fremdsprache) und deren Umgang mit Texten (Verstehen von Texten, Umbildung von Texten, Hervorbringen neuer Texte, Hervorbringen von Sprachgebilden überhaupt) wir mit geeigneten Methoden beobachten und festhalten können. Aus den so zu gewinnenden Beobachtungen der *Performanz* (= der sprachlichen Akte, des Verstehens und Sprechens, Lesens und Schreibens) können wir Schlüsse ziehen auf die *Kompetenz* (=den Sprachbesitz) unserer Informanten. So gewinnen wir einen zwar indirekten, aber objektiven (= intersubjektiven) Zugriff auf die deutsche Sprache als solche, die uns *direkt* nur zugänglich ist in unserer eigenen Kompetenz, d. h. in einem *unbewußten* geistigen Besitz, bei dessen *nur* auf Selbstbeobachtung gestützter Bewußtmachung wir mit einer ganzen Reihe von sehr schwer kontrollierbaren Einseitigkeiten, Willkürlichkeiten und Fehlern rechnen müßten. „Objektivität" heißt hier also (wie wohl in allen Wissenschaften) „Intersubjektivität unter genügend Informierten, die sich der Durchführung vereinbarter Verfahren unterziehen". So faßt es auch P. Hartmann in „Zur Theorie der Sprachwissenschaft", 1961, S. 16: „Entscheidendes Charakteristikum des wissenschaftlich gesuchten Wissens ist, daß es ein *intersubjektives Wissen* ist, d. h. seine Brauchbarkeit besteht nicht nur für den einen, der eine forschende Analyse erfolgreich beendet hat, sondern — weil und sofern das Ergebnis richtig ist — für *alle,* die diesem Wissen gemäß verfahren, *überall,* wo ihm gemäß verfahren wird, und *immer,* wenn ihm gemäß verfahren wird."

1 A 1.3 *Gewähr für die Sprachüblichkeit der Texte*

Unser Ziel ist nicht die Erkenntnis des *Besonderen* eines Textes, sondern des Sprach-*Üblichen* in ihm. Erscheinungen an Texten und ganze Texte, die sich vom Üblichen entfernen, müssen daher vorerst ausgeschaltet werden. Wir betrachten einen Text *dann* als sprachüblich und daher als eine geeignete Grundlage für unsere Beobachtungen und Experimente, wenn wir selber als Sprachteilhaber und andere Informanten nicht an irgend einer Stelle an der sprachlichen Form des Textes (nicht an seinem Inhalt!) *Anstoß nehmen* (und zwar *spontan*) und etwas an dieser Form als unüblich, als veraltet (oder avantgardistisch), als fehlerhaft bezeichnen. Das absolute Alter des Textes spielt dabei keine Rolle, ebensowenig die Herkunft des Textes und seines Verfassers. Wir betrachten die Kompetenz aller deutschen Sprachteilhaber als soweit ähnlich, ja idealiter identisch (wie Chomsky), daß schon die Nicht-Anstößigkeit für den Untersuchenden und für eine einstellige Zahl zufällig ausgewählter Informanten ausreicht, um die allgemeine Nicht-Anstößigkeit der sprachlichen Form des Textes zu belegen. Phänomene, für die das nicht der Fall ist, werden zunächst aus der weiteren Betrachtung ausgeklammert, ohne daß deswegen die Sicherheit der übrigen Phänomene als geringer betrachtet werden muß.

Es sei ausdrücklich betont, daß wir durch dieses Verfahren keineswegs *unbequeme* (z. B. einer angenommenen Regularität widersprechende) Stellen ausschalten, sondern einzig und allein die Stellen und Phänomene, die einer Mehrzahl von Informanten als „nicht sprachüblich" auffallen. Später werden wir in der Lage sein, gerade auch solche „Störstellen" als Ausgangspunkte für weitere Proben und darauf gestützte Folgerungen zu benutzen.

1 A 1.4 *Gewähr für die Sprachüblichkeit der Informanten-Reaktionen*

Die gleiche Einschränkung wie für die Texte gilt auch für die Informanten-Reaktionen. Zunächst betrachten wir unsere Informanten (wie auch uns selbst, soweit wir deutsch sprechen) als durchschnittliche Sprachteilhaber — bis zum Beweis des Gegenteils. Dieser Beweis gilt als erbracht, wenn einem Informanten von einer Mehrzahl anderer widersprochen wird. Dann betrachten wir die betreffende Reaktion (die betr. Ausdrucksweise oder das betr. Verständnis eines Ausdrucks) als nur zum Idiolekt des betr. Informanten gehörig (vergleiche dazu den Begriff „faßbare Informationsänderung", in Abschnitt 1 A 2.2).

Jeder Benutzer dieser Bände ist aufgefordert, sich seinerseits als überprüfenden Informanten zu betrachten und nötigenfalls die entsprechenden Kontrollversuche durchzuführen. Bloße intuitive Ablehnung kann auf einer Besonderheit des eigenen Idiolekts beruhen und genügt grundsätzlich nicht als Kriterium. Bei Kontrollversuchen ist wichtig, daß man nicht suggestiv vorgeht („was empfinden Sie an diesem Text, an dieser Antwort als unüblich"), sondern die entsprechende Stelle neutral vorlegt. Ferner kommt es nicht selten vor, daß jemand etwas für unüblich hält, ja als anstößig empfindet, was er bei anderer Gelegenheit selber sagt, ohne es zu merken. Das ist bei Kontrollversuchen zu beachten.

1 A 2 Art der Operationen

Wir wählen geschriebene Texte, weil hier an das Verstehen größere Anforderungen gestellt sind (man muß den Text zuerst lesen, seine Klanggestalt selber finden) als beim Verstehen gesprochener Sprache. Die Verstehensphänomene (vor allem Mißverständnisse, unzureichendes Verstehen) dokumentieren sich in der beim Lesen geforderten klanglichen Nachgestaltung besonders deutlich und sind daher hier besser zu beobachten als sonst. Die Operationen (Proben), die wir benutzen, lassen sich grob in folgender Weise gruppieren:

1 A 2.1 Klangproben

Wir lesen den Text laut oder lassen ihn von verschiedenen Informanten laut lesen und stellen fest, wo ohne Sinnstörung Abschlüsse gesetzt, d. h. die Stimme bis zur Ruhelage gesenkt und ohne Störung eine längere Pause gemacht werden kann; dieses Verfahren gehört zu den *Klangproben*.

1 A 2.2 Verschiebeproben; „faßbare Informationsänderung"

Wir erproben, inwiefern die Reihenfolge einzelner Ausdrücke (Zeichen und Zeichenkomplexe) geändert werden kann, ohne daß sich die Information faßbar verändert, und inwiefern durch solche Änderung (oft verbunden mit Änderung der Stimmführung) auch die Information in faßbarer Weise verändert wird; solche Proben nennen wir *Verschiebeproben*.

Kriterien für „faßbare Veränderung" sind Selbstbeobachtungen und Reaktionen von Informanten wie „das heißt aber etwas anderes". Wichtiges negatives Kriterium ist die *Unmöglichkeit*, für verschiedene Informanten eine *Übereinstimmung über den Informationsunterschied* zu erzielen; dann konstatieren wir: zwar liegt irgendwie *fühlbare* Veränderung der Information vor, aber kein *faßlicher überindividueller Wert* dieser Veränderung und damit kein Informationsunterschied in unserem Sinn (*Information* ist dabei gefaßt als das, was der Verfasser mitteilen wollte und der Leser daher dem Text entnehmen soll; sie ist *nicht* beschränkt auf „Beseitigung von Ungewißheit", wie in der Informationstheorie).

1 A 2.3 Ersatzproben

Wir erproben, inwiefern einzelne Zeichen oder Zeichenkomplexe durch andere ersetzt werden können, und wir kontrollieren dabei, wie stark sich die Information ändert (Kriterien dafür wie oben); solche Proben nennen wir „Ersatzproben". Weitere Differenzierungen und Kombinationen ergeben sich im Lauf der Untersuchung.

1 A 2.4 *Umformungsproben*

Wir erproben, ob und wie sich gegebene Ausdrücke bei gleichbleibender Information (mit den grundsätzlich gleichen Bestandteilen) in andere Form bringen lassen (nicht nur andere Reihenfolge der Teile). Wir sprechen dann von *Umformungsproben*. Sie entsprechen im Großen und Ganzen den Transformationen, die in der generativ-transformationalen Grammatik benutzt werden.

Terminologische Anmerkung: Ersatz- und Verschiebeproben werden auch in anderen linguistischen Schulen benutzt; bei den Ersatzproben spricht man auch von „Substitution"; der Ausdruck „Kommutation" wird von den einen für Ersatzproben, von den anderen für Verschiebeproben gebraucht. Eine terminologische Vereinbarung wurde am Internationalen Linguistenkongreß 1962 angeregt (bei der Diskussion des Vortrages von Chomsky über „The logical Basis of Linguistic Theory", Proceedings 1964 S. 1000) — leider ohne Erfolg. Neuerdings liest man für „Verschiebeprobe" auch „Permutation".

Aufgaben zu 1

1 B 1 Zur Überprüfung der Sprachüblichkeit

Überprüfen Sie, ob und wo die folgenden Texte etwas enthalten, das einem heutigen Deutschsprechenden („native speaker") als unüblich oder anstößig erscheint oder das er nur in besonderen Stil- oder Sprachbereichen als möglich anerkennt. Achten Sie dabei zuerst auf Ihre eigenen spontanen Reaktionen (Sie sind Ihr eigener erster Informant); notieren Sie diese Reaktionen sofort und vergleichen Sie sie dann mit den Reaktionen von mindestens 10 anderen Informanten.

1 B 1.1

Es war ein seltsamer Anblick, wenn man einen Moment seine Aufmerksamkeit vom Wege ab und auf sich selbst und die Gesellschaft wendete: in der ödesten Gegend der Welt und in einer ungeheuren, einförmigen, schneebedeckten Gebirgswüste, wo man rückwärts und vorwärts auf drei Stunden keine lebendige Seele weiß, wo man auf beiden Seiten die weiten

Tiefen verschlungener Gebirge hat, eine Reihe Menschen zu sehen, deren einer in des anderen tiefe Fußstapfen tritt, und wo in der ganzen glatt überzogenen Weite nichts in die Augen fällt als die Furche, die man gezogen hat.

Goethe, Briefe aus der Schweiz, Brief vom 12. November 1779

1 B 1.2

Drei Jahre waren so vergangen, begab sich's einmal wieder, daß der König das Wildschwein jagte, und war auch die Königin diesmal dabei. Weil es aber Winterszeit war und sehr kalt, wollten die Herrschaften das Mittagsmahl nicht gern im Freien nehmen, sondern die königlichen Köche machten ein Essen fertig im Greifenwirtshaus, und speiste man im obern Saal vergnüglich, dazu die Spielleute bliesen.

Mörike, Der Bauer und sein Sohn, (1839); Werke, hg. von Harry Maync, 3. Bd., S. 100—101.

1 B 1.3

Warum sollte man nicht die Regierungen nach jeder Kriegserklärung vor Gericht stellen? Wenn nur die Völker das begreifen würden, wenn sie selbst die Gewalten, die sie zum Mord führen, dem Gericht unterwerfen würden, wenn sie sich weigern würden ... dann würde der Krieg ausgerottet.

Zitiert bei W. Wilmanns, Deutsche Grammatik, 1908, 3. Bd., S. 198.

1 B 1.4

Auch ein Mädchen taucht auf, Franz Biberkopf ist wieder komplett.

Sie geben Franzen den Segen für alles, was er tut. Eva, die Franzen noch immer liebt, möchte ihm gern ein Mädel zuschanzen.

Von diesem Mädchen, das prompt am nächsten Mittag an seine Tür klopft, ist Franz auf den ersten Blick entzückt. Eva hat ihn lecker gemacht, er möchte auch Eva eine Freude tun. Aber die ist wirklich schnieke, prima, eins a, so was stand noch nicht drin in seinem Kochbuch. Sie ist eine kleine Person, sieht im weißen leichten Kleidchen mit bloßen Armen wie ein Schulmädchen aus, hat sanfte, langsame Bewegungen, ist unmerklich gleich neben ihm. Sie ist kaum eine halbe Stunde da, da kann er sich das kleine Luder nicht mehr aus seiner Stube wegdenken.

Alfred Döblin, Berlin Alexanderplatz, 1932, DTV-Ausgabe 7. Aufl. 1969, S. 228—229.

1 B 1.5

Die Untersuchungen zur ,Grammatik des deutschen Verbs' sind ein erster vorläufiger Teil einer generativen Grammatik der deutschen Sprache, an der in der Arbeitsstelle Strukturelle Grammatik der Deutschen Akademie der Wissenschaften gearbeitet wird. Die vorliegende Studie ist eher als Arbeitsbericht anzusehen denn als abgeschlossenes Teilergebnis. Viele Probleme, die in ihr nur berührt werden, sind Gegenstand von Untersuchungen anderer Mitarbeiter der Arbeitsstelle.

Vorwort aus: Studia Grammatica II. Grammatik des deutschen Verbs, von Manfred Bierwisch, 1963.

1 B 1.6

Herkömmliche Verbrennungsmotoren erzeugen giftige Abgase (Hauptbestandteil: Kohlenmonoxyd) zwangsläufig, weil bei den Tausenden von Explosionen je Minute, die in einem Benzinmotor die Antriebskolben bewegen, der zugeführte Kraftstoff jeweils nur zum Teil verbrennt.

Nach jeder Explosion entfleucht ein unverbrannter, hochgiftiger Treibstoffrest ins Freie. Unheilvoll reichert er jene Dunstschichten an, die 1968 beispielsweise über Los Angeles, der Stadt mit den meisten Autos, an jedem dritten Tag die Sonne verfinsterten.

Der Spiegel, 2. 3. 1970, S. 188

1 B 2 Faßbare Informationsänderung oder nicht?

Beurteilen Sie die folgenden Verschiebe- und Ersatzproben im Blick auf Gleichbleiben oder faßbare Veränderung der Information (für den hier verwendeten Informationsbegriff vgl. 1 A 2.2 S. 16). Achten Sie besonders auch darauf, ob der entstandene neue Satz mit gleicher Intonation gelesen werden kann (bei den Verschiebeproben) wie der Originalsatz.

1 B 2.1

Gestern war es viel besser.
Es war gestern viel besser.
Viel besser war es gestern.

1 B 2.2

Er kam beizeiten, so war es gut.
Kam er beizeiten, so war es gut.

1 B 2.3

Da ward das Ja-wort gegeben.
   wurde

1 B 2.4

Sie sagten, daß es diesmal viel besser gewesen sei,
                                                 wäre

1 B 2.5

An diesem Abend war er sehr schweigsam.
Diesen Abend

1 B 3   Ersatz und Verschiebung beim Ausarbeiten eines Gedichts

Beurteilen Sie die Ersetzungs- und Verschiebungsprozesse, die
sich aus den Handschriften für die Formungsarbeit Hölderlins
an einem Gedicht rekonstruieren lassen („Des Morgens", Stutt-
garter Hölderlin-Ausgabe, Bd. 1,1 S. 303 und Bd. 1,2 S. 612).

Der Garten glänzt vom Thaue
Vom Thaue glänzt der Garten
Vom Thaue glänzt der Rasen

beweglicher / eilt schon der Quell
                         die Wasserquelle
                schon dahin die Quelle
                schon die wache Quelle

der Bäume Laub
die Pappel neigt
die Birke neigt
die Buche neigt

Die Verse lauten in der Endgestalt:

Vom Thaue glänzt der Rasen; beweglicher
 Eilt schon die wache Quelle; die Buche neigt
 Ihr schwankes Haupt und im Geblätter
  Rauscht es und schimmert; und um die grauen
Gewölke streifen röthliche Flammen dort, (. . .)

1 B 4   Spiel mit Verschiebungen in literarischen Texten

Beurteilen Sie, inwiefern in folgenden Texten spontane (oder
bewußt vorgenommene) Umstellungen von Elementen faßbar sind
und welche Begründung sich dafür vermuten läßt.

1 B 4.1

In eurer Gesellschaft könnte man sterben, sagte ich, man könnte sterben, ohne daß ihr es merkt, von Freundschaft keine Spur, sterben könnte man in eurer Gesellschaft! schrie ich, und wozu wir überhaupt miteinander reden, schrie ich, wozu denn (ich hörte mich selber schreien), wozu diese ganze Gesellschaft, wenn einer sterben könnte, ohne daß ihr es merkt —
Max Frisch, Homo Faber, Frankfurt 1957, S. 94—95.

1 B 4.2

Je n'os Dieu reclamer ne ses sainz ne ses saintes
Je n'os Dieu ne ses saintes ne ses sainz reclamer
Vers 474 und 428 aus dem „Miracle de Théophile" von Rutebeuf, geschrieben zwischen 1254 und 1285 in Paris; in modernem Französisch und Deutsch:
Je n'ose pas prier Dieu ni ses saints ni ses saintes
Ich wage nicht Gott noch seine Heiligen und seine heiligen Frauen anzurufen.

1 B 5 Benutzung von Operationen in andern linguistischen Schulen

Überprüfen Sie, inwiefern in den folgenden Texten, die aus verschiedenen linguistischen Schulen stammen, Operationen benutzt werden, die mit den in Abschnitt 1 A 2 beschriebenen verglichen werden können:

1 B 5.1

Grundsätzlich bekannt ist die Tatsache, daß das finite Verb nur an der ersten, zweiten oder letzten Stelle des Satzes stehen kann und daß dadurch bestimmte Satztypen gekennzeichnet sind, nämlich Frage- und Befehlssatz, Aussagesatz und Nebensatz. Auch die feste Reihenfolge der infiniten Verbalglieder am Satzende ist in den Grundzügen bekannt. Die Regularitäten und Bedingungen, die die Stellung der übrigen Satzglieder bestimmen, sind weitgehend unbekannt. Lediglich die Tatsache, daß jedes Satzglied an der Spitze des Satzes stehen kann, ist erörtert worden, allerdings eher vom Standpunkt der Sprechabsicht als vom Standpunkt der grammatischen Erklärung aus. Wir wollen an einem Beispiel auf einige dieser bisher unbekannten Regularitäten hinweisen. Der Satz *Peter schenkt dem Bruder zu Weihnachten ein Buch* hat außer dem Verb vier Satzglieder. Für diese vier Glieder wären insgesamt 24 Anordnungen möglich, die aber keineswegs in

gleichem Maße grammatisch normal sind. Als voll grammatisch müssen
z. B. gelten:

(a) Peter schenkt dem Bruder zu Weihnachten ein Buch.

(b) Zu Weihnachten schenkt Peter dem Bruder ein Buch.

(c) Dem Bruder schenkt Peter zu Weihnachten ein Buch.

(d) Peter schenkt zu Weihnachten dem Bruder ein Buch.

Als ungrammatisch betrachten wir unter anderem:

(e) Dem Bruder schenkt zu Weihnachten ein Buch Peter.

(f) Dem Bruder schenkt ein Buch zu Weihnachten Peter.

(g) Zu Weihnachten schenkt dem Bruder ein Buch Peter.

Die Ungrammatikalität dieser Sätze zeigt sich unmittelbar an der Tatsache, daß sie nicht mit einer normalen Satzintonation gesprochen werden können.

Manfred Bierwisch, Grammatik des deutschen Verbs, Studia Grammatica II, 1963, S. 31.

1 B 5.2

Als Paraphrase zu Appositionen und Parenthesen der beschriebenen Art können weiterhin nicht-restriktive Relativsätze betrachtet werden. Auf die Möglichkeit, Appositionen als reduzierte nicht-restriktive Relativsätze zu erklären, weist R. B. LEES in ‚The Grammar of English Nominalizations‘ hin (LEES, 1963, S. 92). Da jedoch sowohl parenthetische Kopulasätze wie auch nicht-restriktive Relativsätze als Paraphrasen zu Appositionen möglich sind — vergleiche zur Illustration die Sätze (7) bis (7 ′ ′) — ist eine genauere Untersuchung des Verhältnisses dieser drei Konstruktionstypen notwendig, die das Ziel hat, eine möglichst generelle Erklärung zu finden.

(7)   Der Schwager, übrigens ein ruhiger, ordentlicher Mann, hörte sie
        erschrocken an.

(7 ′)   Der Schwager, der übrigens ein ruhiger, ordentlicher Mann war,
        hörte sie erschrocken an.

(7 ′ ′)   Der Schwager, $\left\{ \begin{array}{c} \text{der Schwager} \\ \text{er} \end{array} \right\}$ war übrigens ein ruhiger,

ordentlicher Mann, hörte sie erschrocken an.

Wolfgang Motsch, Untersuchungen zur Apposition im Deutschen, Studia Grammatica, Bd. V, Syntaktische Studien, 1965, S. 95.

1 B 5.3

Ganz allgemein ist zu bemerken, daß das Dativobjekt nicht in allen Fällen als Dativ in den Passivsatz eingeht, sondern daß hier bestimmte Verbklassen die Ersetzung des Dativobjekts durch eine Präpositionalgruppe im Passivsatz fordern:

(23)   Peter setzte *dem Jungen* die Mütze auf.

(23 ')   *Dem Jungen* wurde von Peter die Mütze aufgesetzt.

(24)   Peter kaufte (bestellte) *dem Jungen* eine Limonade.

(24 ')   Eine Limonade wurde von Peter *für den Jungen* gekauft (bestellt).

(25)   Peter schrieb *dem Jungen* einen Brief.

(25 ')   Ein Brief wurde von Peter *an den Jungen* geschrieben.

(25 ' ')   Ein Brief wurde von Peter *für den Jungen* geschrieben.

Alexander V. Isačenko, Das syntaktische Verhältnis der Bezeichnungen von Körperteilen im Deutschen, Studia Grammatica Bd. V. Syntaktische Studien, 1965, S. 13.

1 B 5.4

Es gibt keine eindeutigen Beispiele dafür, daß Nicht-Akzeptabilität durch alleinige links-Verzweigung oder durch alleinige rechts-Verzweigung zustande käme, obgleich solche Konstruktionen auf andere Art unnatürlich sind — so werden etwa beim Lesen der rechts-verzweigenden Konstruktionen „this is the cat that caught the rat that stole the cheese" die Intonationspausen im allgemeinen an den falschen Stellen gesetzt (d. h. nach „cat" und „rat", anstatt dort, wo die Hauptklammern sind).

Noam Chomsky, Aspekte der Syntax-Theorie, Frankfurt/M. 1969, S. 26.

Zur Erläuterung: Als Beispiel für „Rechtsverzweigung" ist S. 25 der Satz gegeben, auf den sich der zitierte Abschnitt bezieht:

[*this is* ⟨*the cat that caught* (*the rat that stole the cheese*)⟩]

Eine „Linksverzweigung" liegt vor in dem Ausdruck:

[»(⟨John⟩'s brother)'s father«'s uncle]

1 B 5.5

Ich schlage deshalb vor, das semantische Verhältnis zwischen den Morphemen anhand von Textstücken zu überprüfen, die zueinander in einem klar bestimmbaren grammatischen Verhältnis stehen und in denen die zu prüfenden Morpheme enthalten sind. Wenn ich z. B. feststellen will, ob der Stamm *manipul-* in *il manipule* und in *la manipulation* die gleiche Bedeutung hat, so frage ich, ob das folgende Paar von Textstücken grosso modo denselben Sachverhalt bezeichnen kann:

il manipule la dynamite — la manipulation de la dynamite

Jeder Informant wird mir die Auskunft erteilen, daß man „das eine statt des anderen sagen kann", und ich darf daraus den Schluß ziehen, daß das Element *manipul-* auf beiden Seiten die gleiche Bedeutung hat. Ebenso verfahre ich nun mit:

il achète la maison — l'achat de la maison

Ich erhalte die gleiche Auskunft und folgere, daß die obligatorische Stammänderung /a ʃ e t/ — /a ʃ a/ semantisch irrelevant ist. Das gleiche gilt für das Paar *loi — lég — /lwa/ — /leg/* in den Textstücken:
un moyen conforme à la loi — un moyen légal
jedoch nicht für die Formen *roi — règ — /rwa/ — /reg/* in:
*un édit du roi — *un édit régal*
Hier wird jeder kompetente Informant sofort protestieren und mir darüberhinaus sagen, daß ich *régal* durch *royal* ersetzen muß.

Christoph Schwarze in „Linguistische Berichte", Heft 6, 1970, S. 23

1 B 5.6

Lange begründet ist in unserer Sprache, nach den verbis *hören* und *sehen* den inf. act. zugleich passivisch zu gebrauchen (Diez, 3, 188); ich höre *erzählen* (audio narrari), ich sah ihn mit füßen *treten* (calcari), ich kann kein thier *schlachten* (mactari) sehn; daß hier etwa kein Substantiv ausgelassen sei, von welchem der active Infinitiv abhänge, ergibt sich aus der Statthaftigkeit des obliquen bestimmenden casus: ich höre von dir [a te, nicht de te] erzählen, ich sah den mann von dem räuber würgen. unzulässig wäre die steife umschreibung, niemand sagt: ich höre erzählt werden; eher schon: ich sah den mann vor meinen augen erwürgt werden. ferner, an die stelle von hören und sehen läßt sich nicht leicht ein anderes, gleichbedeutiges wort setzen, z. b. statt ich höre *singen,* ich sehe heu *mähen,* ich sah den könig *begraben,* kann nicht gesagt werden: ich vernehme, ich schaue, ich erblickte; es liegt an der geläufigkeit der formel.

Jacob Grimm, Deutsche Grammatik, Bd. IV, 1837, Neudruck der Ausgabe von 1898, S. 64.

1 B 5.7

Fremder: Wir müssen nämlich bei der sprachlichen Bezeichnung für das, was es überhaupt gibt, zweierlei auseinanderhalten.
Theätet: Und das wäre?
F. Einmal das, was man Nomen nennt, dann das, was man Verb nennt.
T. Erläutere bitte die Unterscheidung.
F. Diejenige sprachliche Bezeichnung, die sich auf Handlungen bezieht, nennen wir *Verb.*
T. Einverstanden.
F. Die Bezeichnung aber, die sich auf diejenigen bezieht, welche dabei handelnd auftreten, heißt *Nomen.*
T. O ja.
F. Stimmst du mir darin zu, daß weder aus Nomina allein, wenn sie aneinandergefügt werden, je ein Satz oder Text entstehen kann, noch auch aus Verben, die ohne Verbindung mit Nomina ausgesprochen werden?

T. Das ist mir nicht ganz klar.

F. Ich gebe ein Beispiel: „geht", „läuft", „schläft" und alle die Ausdrücke, die eine Handlung bezeichnen: wenn einer alle diese in einer Reihe hersagte, so würde er doch keinen Satz oder Text zustande bringen.

T. Natürlich.

F. Ferner: Wenn nun einer sagt „Löwe", „Hirsch", „Pferd" und was sonst noch einen Namen hat unter den Wesen, die handelnd auftreten, auch das ergäbe, bei aller Aneinanderreihung, keinen Satz oder Text. Weder auf die eine noch auf die andere Art nämlich kann eine sprachliche Äußerung eine *Handlung* oder das *Nichtvorhandensein von Handlung* darstellen, und ebensowenig Bestimmung von etwas, was *ist* oder auch *nicht ist*. Das ist erst dann möglich, wenn *Nomina und Verben* miteinander kombiniert werden. Dann nämlich entsteht eine Verbindung, und gleich mit der ersten derartigen Verknüpfung haben wir einen Satz, gleichsam als erstes und einfachstes Element eines Textes.

T. Wie meinst du das?

F. Wenn jemand sagte: „Philipp lernt", würdest du nicht finden, dies sei die elementarste und einfachste Form einer Äußerung?

T. O ja.

F. Denn damit macht er doch eine Aussage über etwas, das ist oder wird, geworden ist oder kommen wird, und er *nennt* nicht nur etwas, sondern *stellt einen Zusammenhang vollständig dar*, und zwar eben durch die Kombination von Nomina und Verben.

Platon, Sophistes, 261e—262d, übersetzt von H. Sitta

2 Satz und Wort

2 A 1 Sätze und Teilsätze

Wenn man einen beliebigen Text vorzulesen hat, gliedert man ihn ganz unwillkürlich durch die Stimmführung in eine Folge relativ abgeschlossener Einheiten. Diese Einheiten können eine sehr verschiedene Länge haben. Oft lassen sich im Rahmen größerer Einheiten wieder kleinere Einheiten unterscheiden, und das u. U. in mehrfacher Stufung. Die Abgrenzung dieser Einheiten wird gesteuert durch die Satzzeichen, vor allem durch Punkt, Ausrufezeichen und Fragezeichen mit Großschreibung des folgenden Wortes (auch wenn dieses Wort an sich keine Großschreibung verlangt). Solche relativ abgeschlossenen Stücke des Textes, an deren Ende die Stimme oft in Ruhelage zurückkehrt und eine gewisse Pause eintreten kann, nennen wir *Sätze*. Wir beziehen uns also auch hier streng genommen auf Klangproben — aber auf die in der Interpunktion dokumentierte Klangwahl des *Verfassers*, *nicht* auf die Klangproben des *Lesers*. Wenn sich innerhalb solcher Sätze durch die Stimmführung kleinere Einheiten abheben, die aber für sich nicht abgeschlossen sind, sprechen wir von *Teilsätzen*. Sätze, in denen sich Teilsätze finden, nennen wir *Gesamtsätze*. Sätze, in denen keine Teilsätze zu unterscheiden sind, nennen wir *einfache Sätze*.

Durch Änderung der Interpunktion (Punkt statt Komma oder Strichpunkt) kann oft der Text so verändert werden, daß ohne Änderung der Information aus bloßen Teilsätzen abgeschlossene einfache Sätze werden.

[Terminologische Anmerkung: Im Englischen stehen für „Satz" und „Teilsatz" besondere Wörter zur Verfügung: sentence — clause; ebenso im Französischen phrase — proposition.]

Für die weitere Arbeit gehen wir zunächst von einfachen Sätzen aus, also von Sätzen, die keine Unterteilung in Teilsätze mehr aufweisen. Erst später werden wir mit Hilfe der bis dahin erarbeiteten genaueren Begriffe (Satzglieder, ganze verbale Wortketten) auch die Verknüpfung dessen, was wir in diesem Band „Teilsatz" oder „einfachen Satz" nennen, genauer in den Blick nehmen können. Es ist hier zu verweisen auf den Begriff „Proposition", wie er im Band „Textanalyse und Verstehenstheorie I" auf S. 53—60 entwickelt ist.

Wichtig ist, daß die hier vorgenommene Satzdefinition rein operational gewonnen ist, aus der Beachtung der Interpunktion (Punkt, Ausrufezeichen, Fragezeichen und folgende Großschreibung) in Texten der deutschen Gegenwartssprache, ohne jeden Vorgriff auf *logische* Begriffe („Satz = vollständiger Gedanke") oder noch ungeprüfte *grammatische* Begriffe („Satz = Subjekt und Prädikat", „Satz = Verb und weitere Satzglieder").

Wichtig sind ferner folgende Einschränkungen:

a) In der gesprochenen Sprache, vor allem in spontaner Alltagsrede, sind die Verhältnisse erheblich verwickelter. Große Pausen finden sich oft an Stellen, wo in der Schrift Punkt und folgende Großschreibung stören würde und daher gemäß der obigen Definition keine Sätze vorliegen. Umgekehrt findet sich oft keine Rückkehr der Stimme in die Ruhelage, auch wo in der Schrift Punkt mit folgender Großschreibung gesetzt würde. Das ist ein weiterer Grund, warum wir für unsere Analyse und Begriffsbildung bei der geschriebenen Sprache ansetzen, als der regularisierteren und daher leichter zu analysierenden Form von Sprache überhaupt. Die besonderen Phänomene der gesprochenen Sprache — obwohl diese gesprochene Sprache gegenüber der geschriebenen ja primär ist, phylogenetisch wie ontogenetisch — werden wir erst zureichend in den Blick fassen können, wenn wir an Hand der geschriebenen Sprache schon ein schönes Stück Analyseerfahrung und Begriffsbildung hinter uns haben.

b) Auch in geschriebenen Texten (z. B. Lyrik, Werbung, Romane) können sich Grenzfälle finden, wo unser Verfahren nicht mehr anwendbar ist und der gewonnene Begriff „Satz" erst benutzt werden kann, wenn wir durch die weitere Arbeit zusätzliche (grammatische) Bestimmungsmerkmale gewonnen haben. Die Sicherheit der Verfahren und des Begriffes für „normale" Texte scheint uns dadurch nicht erschüttert, doch sei ausdrücklich auf die Möglichkeit solcher Grenzfälle hingewiesen. Eine angemessene Behandlung solcher Texte verlangt ein ähnlich weiterentwickeltes Instrumentarium (Begriffe und speziellere Verfahren) wie die Analyse gesprochener Sprache.

c) Bei den meisten älteren Texten finden wir andere Interpunktionssysteme oder gar keine Interpunktion. Die Analyse solcher Texte (z. B. mhd. Versromane) verlangt daher zusätzliche Verfahren, vor allem ausgedehntere und feinere Klangproben. Die

Interpunktion durch moderne Herausgeber kann dabei nur als Vorschlag, nicht als Bestandteil des originalen Textes betrachtet werden.

2 A 2 Wörter

Die Einteilung in Wörter, die uns so selbstverständlich erscheint, ist durch unsere Vertrautheit mit geschriebener Sprache gegeben. Wer eine ihm unbekannte Sprache hört (z. B. am Rundfunk), der vermag zwar in der Regel zu erfassen, wann ein Satz aufhört und ein neuer anfängt (aus der Stimmführung), aber er erfaßt in keiner Weise, wo innerhalb des Satzes ein Wort aufhört und ein neues beginnt.

Freilich ist auch die in der Schrift übliche Wortabgrenzung keineswegs ganz willkürlich, sondern sie läßt sich durch Verschiebe- und Ersatzproben in den allermeisten Fällen gut begründen. Da wir nun bei unsern Analysen nicht von den Wörtern aufwärts zu den Sätzen (oder gar von den Lauten über die Silben zu den Wörtern) gehen, sondern in Schritt für Schritt kontrollierter Arbeit von den Sätzen abwärts zu ihren Bestandteilen und schließlich zu den Wörtern kommen, brauchen wir keine genauere operational gestützte Definition von „Wort", sondern können als „Wort" einfach das nehmen, was in der Schrift durch Zwischenraum vom nächsten Wort getrennt ist. Etwaige Inkonsequenzen der traditionellen Wort-Abteilung korrigieren sich bei unserm Vorgehen von selbst. Wir haben also zunächst eine *orthographische* Wortdefinition, eine grammatische ergibt sich später. Auch das Problem der Homonymen und Homographen („das wird *sein* Fehler *sein*", „*war* es *wahr*, daß er *malte* statt zu *mahlen*" usw.) brauchen wir an dieser Stelle noch gar nicht anzupacken, Lösungen dafür werden sich später ergeben.

2 A 3 Bezifferung von Texten

Aus verschiedenen Gründen brauchen wir bei umfangreicheren Texten eine durchlaufende Bezifferung. Praktische Erwägungen (Möglichkeit der Benutzung verschiedener Ausgaben) legen es nahe, nicht von Seite und Zeile auszugehen (da diese von einer Ausgabe zur andern wechseln können), sondern von Satz und Wort, indem wir die Sätze fortlaufend numerieren und in jedem Satz die Wörter ebenso.

Als Kriterium für „Beginn eines neuen Satzes" gilt Punkt oder Fragezeichen oder Ausrufezeichen plus nachfolgende Großschreibung auch sonst klein geschriebener Wörter. Ausrufe- und Fragezeichen *ohne* folgende Großschreibung gelten nicht als Satzschluß, ebensowenig der Doppelpunkt und ein bloßer Abkürzungspunkt.

Bei Verstexten ist es praktisch, nicht die Sätze, sondern die Verse zu numerieren, da diese Numerierung für alle Ausgaben des gleichen Textes konstant ist und bei fast allen wichtigen Werken eine allgemein anerkannte Verszählung schon vorliegt.

Für Prosatexte vor dem 15. Jh. sind besondere Konventionen nötig, ebenso u. U. für moderne Erzähltexte (z. B. P. Härtling). Bei der Wortzählung gilt als *ein* Wort, was zusammengeschrieben ist, also: Am Abend[2] zur selben[4] Zeit versuchte[6] er sie[8] wieder anzurufen[10]. Wer ruft[2] hier an[4], fragte sie[6], ohne deswegen[8] in ihrer[10] Arbeit innezuhalten[12].

Aufgaben zu 2

2 B 1   Bestimmen der Satzgrenzen

Bestimmen Sie in den folgenden Texten die Grenzen der Sätze, gestützt auf das Indiz „Punkt / Fragezeichen / Ausrufezeichen und nachfolgende Großschreibung", wobei im Zweifelsfall ein ohnehin groß zu schreibendes Wort (Substantiv) zur Probe durch ein normalerweise klein zu schreibendes Wort zu ersetzen ist. Prüfen Sie zugleich, wie weit die so abgetrennten Sätze auch abgeschlossene Klangeinheiten sind oder sein können. Beobachten Sie, welche Verschiedenheiten der konkreten Stimmführung sich hinter gleichartiger Interpunktion verbergen können.

2 B 1.1   *W. von Baudissin*

Ohne Frage ist die Aufrechterhaltung der Blöcke kein Idealzustand. Es bleibt ein Dilemma, daß die Sicherheitssysteme — entstanden als Schutz gegen den kriegerischen Austrag bestehender Spannungen — nicht als kongruente Teile oder Vorstufen einer dauerhaften Friedensordnung angesehen werden können. Andererseits gibt es zur Zeit für Westeuropa keine Sicherheit außerhalb der NATO — ganz abgesehen davon, daß sich noch keine Friedensordnung vorstellen läßt, die dem Osten wie dem Westen annehmbar wäre. Lautete die politische Frage vor dem 21. August 1968: Wie lassen sich die bestehenden Sicherheitsstrukturen im Blick auf neue

Friedenskonturen durchlässiger machen oder umgestalten, ohne daß Sicherheit und Stabilität gefährdet werden?, so heißt sie heute: Wie lassen sich Sicherheit und Stabilität wahren, ohne daß der Weg für künftige politische Strukturveränderungen verbaut wird? Überlegungen zur Sicherheitspolitik wären unvollständig ohne einen Blick auf Funktion und Funktionsweisen der Bundeswehr; sie ist ein wichtiges Instrument dieser Politik. Die Projektion ihrer Aufgaben in das nächste Jahrzehnt unterstreicht Bedeutung und Notwendigkeit der Reform. Die strategischen Dimensionen, der zunehmend emanzipatorische Charakter der Gesellschaft sowie die ungelösten Probleme der Bundeswehr selbst betonen allerdings nachdrücklich die Dringlichkeit einer konsequenten Weiterentwicklung dessen, was man Innere Führung nennt. Nach dem Elan der ersten Stunde setzte dieser Prozeß aus, sieht man von isolierten Experimenten einzelner Kommandeure und Chefs ab. Viele Symptome, darunter die Berichte des Wehrbeauftragten, geben Anlaß zur Sorge, daß die Grundlagen erneut in Frage gestellt sind, mit denen 1956 die Bundeswehr im Einklang mit den freiheitlichen Kräften ihren Weg begann.

W. v. Baudissin in der „Zeit" vom 14. 11. 1969, S. 71

2 B 2.2   Peter Handke

Still folgt eine Verhandlung der anderen, still ergehen parallel in den Gerichtssälen die Urteile. Die Pressebänke sind leer. In den Zuschauerbänken sitzt manchmal ein Freund oder eine Freundin des oder der Angeklagten, manchmal sind auch die Zuschauerbänke leer, nicht einmal Rentner interessieren sich für die Vorgänge da vorn, weil diese ja einander so gleichen: Nicht einmal theatralische Mißachtungen des Gerichts kommen mehr vor, die früher wenigstens für eine Story in der Presse sorgten; und wenn einmal ein Angeklagter die Zeitung liest, bemerkt das der Richter gar nicht. Man schaut dem Lauf der Dinge zu. Draußen scheint die Sonne, und drinnen ergehen die Urteile: Beides ist ganz natürlich. Was da geschieht, erscheint so selbstverständlich, daß es einem richtig vorkommt. Was aber geschieht da?

Es geschieht nichts anderes, als daß in den Gerichtssälen die Vorgänge bei den Demonstrationen systematisch auf Straftatbestände reduziert werden; eine Demonstration stellt sich dar als eine Addition von zahlreichen Straftaten. Die Motivationen für die Straftaten werden zwar keineswegs ausgeklammert, spielen aber nicht bei der Frage „schuldig oder nicht schuldig?" eine Rolle, sondern erst bei der Frage „Wie sehr schuldig?", das heißt, bei der Zumessung der Strafe: Geldstrafe oder Gefängnisstrafe, bedingte oder unbedingte Gefängnisstrafe. Von vornherein kann also die Justiz, da die betreffenden Strafgesetze mechanisch nur motivlose Aktionen für sich beschreiben, jede Motivation vorerst einmal dadurch wegabstrahieren, daß sie diese Aktionen reduziert auf die Frage: Was ist geschehen? „Indem sie gegen den Willen des Hausherrn eingedrungen sind, haben sie sich des Hausfriedensbruchs schuldig gemacht." Warum es aber geschehen ist, das interessiert nur, um die Schuld festzustellen und dann zu vergrößern. *„Zeit" vom 14. November 1969, Peter Handke, S. 28.*

2 B 2 Bezifferung

Numerieren Sie die Sätze und in den Sätzen die Wörter, nach folgendem Muster:

(1) Ohne Frage[2] ist die[4] Aufrechterhaltung der[6] Blöcke kein[8] Idealzustand. (2) Es bleibt[2] . . .

Stellen Sie zusammen:	Satz Nr.	Wörterzahl
	1	9
	2	28
	3	30
	usw.	usw.

2 B 3 Umformung von Teilsätzen in einfache Sätze

Untersuchen Sie an beiden Texten, welche Teilsätze durch Änderung der Interpunktion (Punkt statt Komma oder Strichpunkt) als eigenständige Sätze betrachtet und gelesen werden können, ohne daß etwas übrigbleibt, was nicht ohne Störung des Verstehensablaufs als Satz möglich ist. Schreiben Sie das Ergebnis folgendermaßen auf:

als einfacher Satz möglich in Text 1:   5/1—14
5/15—21
usw.

2 B 4 Darstellung mit lauter einfachen Sätzen

Versuchen Sie die Sätze 3 und 4 des Textes 1 so umzuformen, daß Sie mit lauter einfachen Sätzen auskommen. Beobachten Sie, welche Erleichterungen oder Erschwerungen des Verstehens damit eintreten.

2 B 5   Sonderfälle

Geben Sie sich Rechenschaft von den besonderen Schwierigkeiten, die sich bei der Verwendung unseres oben definierten Begriffes „Satz" bei einem Gedicht wie dem folgenden von H. M.
Enzensberger zeigen:

schläferung

laß mich heut nacht in der gitarre schlafen
in der verwunderten gitarre der nacht
laß mich ruhn
       im zerbrochenen holz
laß meine Hände schlafen
            auf ihren saiten
meine verwunderten hände
         laß schlafen
das süße holz
    laß meine saiten
        laß die nacht
auf den vergessenen griffen ruhn
meine zerbrochenen hände
        laß schlafen
auf den süßen saiten
im verwunderten holz.

3 Topologie des einfachen Satzes; Gewinnung der Einheit „finites Verb"

3 A 1 Ziel, Erwartungen, Vorwissen

Wir suchen nun mit Hilfe von Operationen an Gesetzmäßigkeiten in den Sätzen heranzukommen, um von diesen Gesetzmäßigkeiten her die traditionellen grammatischen Kategorien (Satzglieder, Wortformen, Wortarten) wie auch heute neu angebotene Kategorien zu überprüfen. Wir wollen nämlich keineswegs die ganze Grammatik neu aufbauen, unter Mißachtung der schon geleisteten, z. T. über 2000 Jahre alten Analysearbeit; wohl aber wollen wir nichts über die S. 13–17 dargestellten Annahmen hinaus einfach übernehmen, sondern alle Begriffe zunächst im Licht unserer Verfahren und ihrer Ergebnisse kritisch überprüfen. Das gilt auch für unser gesamtes eigenes grammatisches Wissen; wir betrachten es nur als ein *Vorwissen*, das u. U. gewisse Proben schon nahelegt, aber grundsätzlich erst durch diese Proben aus *Vorwissen* zu *wissenschaftlich gesichertem Wissen* wird.

Wir richten uns dabei zuerst auf das finite Verb, das seit längerer Zeit als Fixpunkt im einfachen deutschen Satz erkannt ist (vgl. Bierwisch 1963, oben in Aufgabe 1 B 5.1, aber auch schon 1937 die „Grundgedanken der deutschen Satzlehre" von Erich Drach). Die konsequente Durchführung der Proben, nicht nur an Einzelsätzen, sondern an ganzen Texten erstmals bei Glinz 1952 (geschrieben 1944/47); die hier gegebene Darstellung geht insofern über die damalige, primär topologische hinaus, als sie die Möglichkeit des Gewinnens von Verbalformen durch Transformation (Finitum-Infinitiv und umgekehrt), die damals erst in einem späteren Kapitel behandelt wurde, sofort einbezieht.

3 A 2 Material

Wir wählen als Arbeitsgrundlage alle einfachen Sätze aus den Texten von Aufgabe 2 B 1 (S. 29–31), sowie die durch bloße Veränderung der Interpunktion in eigene einfache Sätze verwandelten Teilsätze. Wir bezeichnen die Sätze mit Satz- und Wortnummern (vgl. Aufgabe 2 B 2 S. 32) und den vorangestellten Buchstaben B (Baudissin) und H (Handke). Die einfachen Sätze sind:

B 1 Ohne Frage ist die Aufrechterhaltung der Blöcke kein Idealzustand.

B 3/1—12 Andererseits gibt es zur Zeit für Westeuropa keine Sicherheit außerhalb der NATO. (Der Anschluß von „Ganz abgesehen..." nach Punkt ist allerdings etwas hart.)

B 5/1—14 Überlegungen zur Sicherheitspolitik wären unvollständig ohne einen Blick auf Funktion und Funktionsweisen der Bundeswehr.

B 5/15—21 Sie ist ein wichtiges Instrument dieser Politik.

B 6 Die Projektion ihrer Aufgaben in das nächste Jahrzehnt unterstreicht Bedeutung und Notwendigkeit der Reform.

H 1/1—6 Still folgt eine Verhandlung der anderen.

H 1/7—14 Still ergehen parallel in den Gerichtssälen die Urteile.

H 2 Die Pressebänke sind leer.

H 3/1—14 In den Zuschauerbänken sitzt manchmal ein Freund oder eine Freundin des oder der Angeklagten.

H 3/15—20 Manchmal sind auch die Zuschauerbänke leer.

H 4 Man schaut dem Lauf der Dinge zu.

H 5/1—4 Draußen scheint die Sonne.

H 5/5—9 Und drinnen ergehen die Urteile. („und" nach Punkt ist allerdings etwas auffällig).

H 5/10—13 Beides ist ganz natürlich.

H 7 Was aber geschieht da?

H 8/20—30 Eine Demonstration stellt sich dar als eine Addition von zahlreichen Straftaten.

3 A 3 Durchführung der Proben

3 A 3.1 Verschiebeprobe an B 1

Original Ohne Frage ist die Aufrechterhaltung der Blöcke kein Idealzustand.

var 1   Die Aufrechterhaltung der Blöcke ist ohne Frage kein Idealzustand.

var 2   Kein Idealzustand ist ohne Frage die Aufrechterhaltung der Blöcke.

(Ungewöhnlich klingend, mit besonderer Stimmführung:)

var 3   Ohne Frage kein Idealzustand ist die Aufrechterhaltung der Blöcke.

(Noch stärker an eine besondere Stimmführung und Pausenbildung gebunden:)

var 4   Kein Idealzustand ohne Frage ist die Aufrechterhaltung der Blöcke.

var 5   Die Aufrechterhaltung der Blöcke ohne Frage ist kein Idealzustand.

var 6   Die Aufrechterhaltung der Blöcke ist kein Idealzustand ohne Frage.

Völlig ausgeschlossen, weil fehlerhaft oder unverständlich wirkend, ist die gesonderte Verschiebung von „ohne" und „Frage", von „kein" und „Idealzustand", von „Aufrechterhaltung" und „der Blöcke" usw. Es ergeben sich also *kleinste für sich verschiebbare Einheiten*, bestehend aus Einzelwörtern oder Wortblöcken. Wir bezeichnen sie durch ihre Wortnummern und zusätzlich durch römische Ziffern:

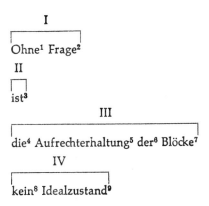

    I

Ohne[1] Frage[2]
  II

ist[3]
        III

die[4] Aufrechterhaltung[5] der[6] Blöcke[7]
    IV

kein[8] Idealzustand[9]

Dann stellen sich die bei einigermaßen gleicher Stimmführung möglichen Anordnungen folgendermaßen dar (in Ziffern für den Vergleich mit der Original-Reihenfolge, mit Anfangsbuchstaben für leichteren kontrollierenden Nachvollzug):

orig.	I	II	III	IV
	oF	i	dAB	kI
var 1	III	II	I	IV
	dAB	i	oF	kI
var 2	IV	II	I	III
	kI	i	oF	dAB

var 3	I	IV	II	III
	oF	kI	i	dAB

Es sind also 4 von insgesamt (mathematisch) 24 möglichen Anordnungen von 4 Elementen.

3 A 3.2 *Ersatzprobe für die gefundenen Einheiten von B 1*

Wir führen nun eine Ersatzprobe durch, und zwar mit folgender Vorschrift: es ist jeweils nur *eine* Einheit zu ersetzen und außer dem Ersatz an gerade *dieser* Stelle ist kein neues Wort einzuführen und keines wegzulassen; es ist also die Gesamtstruktur beizubehalten und auch nach Möglichkeit die Information, jedenfalls ihr Rahmen (andernfalls darf sich die Information nur in kontrollierbarer Weise ändern, z. B. durch Einsetzen von Einheiten, deren Sinn dem Sinn der Originaleinheit entgegengesetzt oder sonst klar von ihr abgesetzt ist).

Ohne Frage	*ist*	*die Aufrechterhaltung der Blöcke*	*kein Ideal-zustand*
Sicher		dieses Verhalten	unideal
	bleibt	diese Lage	
Ohne jeden Zweifel		so etwas	etwas uns alle Bedrückendes
Ganz ohne Zweifel		etwas Derartiges das	

Ergebnis: Die Einheiten I, III und IV können zwischen ein und vier Wörtern schwanken und offensichtlich auch noch auf eine höhere Wörterzahl gebracht werden (*Ganz ohne jeden ernst zu nehmenden Zweifel — die dauernde Aufrechterhaltung der im Gefolge des 2. Weltkrieges entstandenen Blöcke — kein auf längere Zeit befriedigender Zustand*). Einheit II bleibt immer einwortig und ist nur sehr beschränkt ersetzbar.

3 A 3.3 *Befund für Satz B 3/1—12*

Kleinste verschiebbare Einheiten

Andererseits	I	(a)
gibt	II	(g)
es	III	(e)

zur Zeit	IV	(zZ)				
für Westeuropa	V	(fW)				
keine Sicherheit	VI	(kS)				
außerhalb der Nato	VII	(aN)				

Akzeptable Anordnungen:

I	II	III				
a	g	e	zZ	fW	kS	aN
			fW	zZ	kS	aN
			fW	kS	zZ	aN
			zZ	fW	aN	kS
			fW	zZ	aN	kS
			fW	aN	zZ	kS
			zZ	aN	fW	kS
			aN	zZ	fW	kS
			aN	fW	zZ	kS
			aN	fW	kS	zZ
			zZ	aN	kS	fW
			aN	zZ	kS	fW
			aN	kS	zZ	fW
			aN	kS	fW	zZ
			zZ	kS	fW	aN
			kS	zZ	fW	aN
			zZ	kS	aN	fW

III	II	I				
e	g	a	zZ	fW	kS	aN
			fW	zZ	kS	aN
			fW	kS	zZ	aN
			zZ	fW	aN	kS
			fW	zZ	aN	kS
			fW	aN	zZ	kS
			zZ	aN	fW	kS
			aN	zZ	fW	kS
			aN	fW	zZ	kS
			aN	fW	kS	zZ
			zZ	aN	kS	fW
			aN	zZ	kS	fW
			aN	kS	zZ	fW

				aN	kS	fW	zZ
				zZ	kS	fW	aN
				kS	zZ	fW	aN
				zZ	kS	aN	fW

IV	II	III					
zZ	g	e		a	fW	kS	aN
				fW	a	kS	aN
				a	fW	aN	kS
				fW	a	aN	kS
				a	aN	fW	kS
				aN	a	fW	kS
				a	aN	kS	fW
				aN	a	kS	fW
				a	kS	fW	aN
				a	kS	aN	fW

V	I	II	III			
fW	a	g	e	zZ	kS	aN
				kS	zZ	aN
				kS	aN	zZ
				zZ	aN	kS
				aN	zZ	kS
				aN	kS	zZ

V	II	III				
fW	g	e	zZ	a	kS	aN
			a	zZ	kS	aN
			a	kS	zZ	aN
			a	kS	aN	zZ
			zZ	a	aN	kS
			a	zZ	aN	kS
			a	aN	zZ	kS
			a	aN	kS	zZ
			aN	a	zZ	kS
			aN	a	kS	zZ

VII	I	II	III		
aN	a	g	e zZ	fW	kS
			fW	zZ	kS

fW	kS	zZ
zZ	kS	fW
kS	zZ	fW
kS	fW	zZ

VII	II	III			
aN	g	e			
			zZ	a	fW	kS
			a	zZ	fW	kS
			a	fW	zZ	kS
			a	fW	kS	zZ
			zZ	a	kS	fW
			a	zZ	kS	fW
			a	kS	zZ	fW
			a	kS	fW	zZ
			fW	a	zZ	kS
			fW	a	kS	zZ

Wir finden also insgesamt 76 Anordnungen (mathematisch mögliche Zahl: 7! = 5040); mit anderen Worten: die Zahl der sprachüblichen, zugelassenen Anordnungen ist ca. 1,5% der Zahl der mathematisch möglichen Anordnungen, und dabei sind schon hier ziemlich verschiedene Grade der Üblichkeit enthalten.

3 A 3.4 Mögliche Zahl von Wörtern für die Einheiten I bis VII von Satz B 3/1—12

gar nicht ersetzbar: III *(es)*

nur 1 Wort (und nur mit deutlicher Informationsänderung):

II *(gibt — gab —gäbe)*; anderer Ersatz bedingt ein Weglassen des *„es"* oder die Zufügung eines weiteren Worts an anderer Stelle: *(besteht; kann . . . geben)*

2 bis x Wörter:

V *(für Westeuropa — für diesen alten, von Krisen geschüttelten Kontinent; der Ersatz durch einfaches hier verändert die Information wohl zu stark)*

VI (wenn man nicht den einwortigen Ersatz *„nichts"* zulassen will)

1 bis x Wörter:

I *(andererseits — auf der anderen Seite)*

IV *(heute — zur Zeit — zur jetzigen Zeit)*

Dabei heißt „x Wörter" nicht „unbeschränkt viele", sondern „mehr als eines, abhängig von semantischen Zusammenhängen". Insgesamt gibt die Betrachtung der Wörterzahl nur bei II und III ein deutliches Bild, nur dort erscheint sie mit der Struktur (nicht bloß dem Inhalt) des Satzes verknüpft. Der Befund zu II deckt sich mit dem Befund zu II in Satz B 1. Die Unersetzbarkeit der einwortigen Einheit III könnte ein Spezialfall sein. Die Einheit III fällt nämlich bei Wahl eines andern II ohne jede Informationsänderung weg: . . . *gibt es* . . . — . . . *besteht* . . . — . . . *existiert* . . . .

3 A 3.5 Befund für Satz B 5/1—14

Überlegungen zur Sicherheitspolitik (I)
wären (II)
unvollständig (III)
ohne einen Blick auf Funktion und Funktionsweisen der Bundeswehr (IV)

Zugelassene Anordnungen (mathematisch: 24 Möglichkeiten)

I	II	III	IV
ÜzS	w	u	oBB
		IV	III
		oBB	u
IV	II	I	III
oBB	w	ÜzS	u

Zunächst ungewöhnlich, aber von den meisten Informanten akzeptiert:

III	II	I	IV
u	w	ÜzS	oBB

Eine Trennung von Einheit I („*Zur Sicherheitspolitik* wären *Überlegungen* ohne einen Blick auf Funktion und Funktionsweisen der Bundeswehr unvollständig") ist möglich, ändert aber Information und Struktur des Originalsatzes stark.

Ersatzprobe:

1 Wort	: II
1 bis x Wörter	: III (*unvollständig — ohne jede heute zu fordernde Vollständigkeit*)
2 bis x Wörter	: I (*solche Überlegungen*)
4 bis x Wörter	: IV (*ohne Einbezug der Bundeswehr*)

Verbindung beider Proben:

Wir finden für II die gleiche Einwortigkeit wie bei den bisher untersuchten Sätzen; bei I, III und IV hängt die Wörterzahl offenbar von der jeweiligen Aussage ab, während die Einwortigkeit von II strukturell bedingt erscheint. Die Stellung von II ist ganz fest: nur Zweitstellung.

3 A 3.6   Befund für Satz B 5/15–21

Sie (I)
ist (II)
ein wichtiges Instrument dieser Politik. (III)

Verschiebemöglichkeit: sehr beschränkt; möglich ist nur (mit etwas anderer Gewichtsverteilung, wenn auch ohne faßbaren Informationsunterschied): III   II   I (*Ein wichtiges Instrument dieser Politik ist sie*).

Ersatzprobe:

1 Wort	: II	(*ist — bleibt — wird*)
1 bis x Wörter	: I	(*sie — diese im Jahre 1956 auf Drängen der Nato geschaffene Institution*)
2 bis x Wörter	: III	(*politisch bedeutungsvoll*)

Verbindung beider Proben: Die Sonderstellung von II bestätigt sich.

3 A 3.7   Befund für Satz B 6

Die Projektion ihrer Aufgaben in das nächste Jahrzehnt (I)
unterstreicht (II)
Bedeutung und Notwendigkeit der Reform. (III)

Es ist nur *eine* Verschiebung möglich, mit leichter Erschwerung des Verständnisses: III   II   I
                                          BuN   u   dP

(Eine Auflösung des vielwortigen I ergäbe völlige Informationsänderung: *Die Projektion ihrer Aufgaben* unterstreicht Bedeutung und Notwendigkeit der Reform *in das nächste Jahrzehnt*).

3 A 3.8 *Befund für Satz H1/1–6:*

Still (I)
folgt (II)
eine Verhandlung (III)
der anderen (IV)

zugelassene Anordnungen:

I	II	III	IV
st	f	eV	da

III	II	I	IV
eV	f	st	da
		IV	I
		da	st

Ersatzprobe: Einheiten I und III haben beliebige Wörterzahl, Einheit IV mindestens zwei Wörter, Einheit II ist bei Beibehaltung aller andern Einheiten überhaupt nicht ersetzbar. Platzfestigkeit und Ersatzfestigkeit entsprechen sich.

3 A 3.9 *Befund für Satz H 1/7–14*

Eine Verschiebung ist kaum möglich, höchstens: *In den Gerichtssälen ergehen still die Urteile parallel.* Die Unmöglichkeit der Verschiebung hängt offenbar daran, daß die beiden Wörter *„still"* und *„parallel"* stören, wenn sie nebeneinander zu stehen kommen. Als Einheiten lassen sich erschließen:

Still (I)
ergehen (II)
parallel (III)
in den Gerichtssälen (IV)
die Urteile. (V)

Verschiebungen werden möglich, wenn *„parallel"* ersetzt wird durch *„mit immer gleichem Ergebnis"*; dann kann man sagen: *Mit immer gleichem Ergebnis ergehen in den Gerichtssälen still die Urteile.* Die Sonderstellung der Einheit II (*ergehen – fallen – erfolgen*) bestätigt sich.

3 A 3.10 Befund für Satz H 2

Die Pressebänke (I)
sind (II)
leer (III)

Anordnung III — II — I ist möglich, der Satz wird dadurch besonders auffällig (*Leer sind die Pressebänke*).
Einheit II ist nur einwortig ersetzbar (*sind — bleiben*). Die jetzt einwortige Einheit III kann auch mehrwortig werden (*völlig leer*).

3 A 3.11 Befund für Satz H 3/1—14

In den Zuschauerbänken (I)
sitzt (II)
manchmal (III)
ein Freund oder eine Freundin des Angeklagten. (IV)

Mögliche Anordnungen:

I	II	III	IV
idZ	s	m	eFF
III	II	I	IV
m	s	idZ	eFF
		IV	I
		eFF	idZ
IV	II	III	I
eFF	s	m	idZ

Die Sonderstellung von Einheit II tritt klar hervor, das „sitzt" ist kaum ersetzbar. Das fällt besonders auf, wenn man mit der Ersetzbarkeit der anderen Einheiten vergleicht: „In den Zuschauerbänken — unten — gegenüber", „manchmal — für einige Zeit — vielleicht" usw.

3 A 3.12 Befund für Satz H 3/15—20

Manchmal (I)
sind (II)
auch (III)
die Zuschauerbänke (IV)
leer. (V)

Mögliche Anordnungen:

I	II	III	IV	V
m	s	a	dZ	le

		IV	III	V
		dZ	a	le

IV	II	I	III	V
dZ	s	m	a	le

III	IV	II	I	V
a	dZ	s	m	le

V	II	I	III	IV
le	s	m	a	dZ

Bei *einer* Anordnung tritt hier Einheit II an die dritte Stelle. Das scheint mit der Besonderheit der Einheit „auch" zusammenzuhängen; wenn diese Einheit allein an die Spitze tritt (*Auch* sind manchmal die Zuschauerbänke leer) ist Informationsänderung möglich.

Nur schwer ersetzbar ist V (*leer — ohne Benutzer, ohne Publikum*); nur gleichartig ersetzbar ist II (*sind — bleiben*).

3 A 3.13   Befund für Satz H 4

Man (I)
schaut (II)
dem Gang der Dinge (III)
zu. (IV)

Verschiebungen sind nur möglich mit sehr auffälliger Wirkung: *Dem Gang der Dinge schaut man zu* (III — II — I — IV) oder *Zu schaut man dem Gang der Dinge* (?) (IV — II — I — III). Die Ersetzbarkeit ist sehr beschränkt bei I (*man — jedermann*) und bei II (*schaut — sieht*); Einheit IV (*zu*) ist unersetzbar. Dazu fällt auf, daß diese Einheit bei anderer Stellung mit II zusammengeschrieben wird: wenn man *zuschaut*.

3 A 3.14   Befund für Satz H 5/1—4

Draußen (I)
scheint (II)
die Sonne (III)

Es ist nur eine Verschiebung möglich: III – II – I (Betonung bleibt auf *„Sonne"*). I und III sind beliebig ersetzbar (*vor dem grauen Gerichtsgebäude – eine strahlende Herbstsonne*); II ist nur gleichartig ersetzbar (*scheint – leuchtet – strahlt – wärmt*).

3 A 3.15 Befund für Satz H 5/5—9

Und (I)
drinnen (II)
ergehen (III)
die Urteile. (IV)

Mögliche Anordnungen:

I	II	III	IV
u	d	e	dU

I	IV	III	II
u	dU	e	d

Hier erscheint die bisher als II aufgetretene Einheit als III – entsprechend bleibt sie platzfest, wenn man das als Einheit I auftretende *„und"* wegläßt. Dieses *„und"* kann seinerseits überhaupt nicht an anderer Stelle auftreten, es ist als Einheit besonderer Art zu betrachten; damit besteht die bisher beobachtete Regularität (feste Zweitstellung und nur einwortige Ersetzbarkeit einer Einheit) auch für diesen Satz.

3 A 3.16 Befund für Satz H 5/10—14

Beides (I)
ist (II)
ganz natürlich. (III)

Zwei Anordnungen sind möglich:
I II III
III II I (etwas ungewöhnlich)

Einheit II ist platzfest, wie bisher meist beobachtet; sie ist ersetzbar durch *„scheint"*. I und III sind beliebig ersetzbar (*„beides – beide Verhaltensweisen"*, *„ganz natürlich – ohne jede Abweichung vom zu Erwartenden"*).

3 A 3.17 Befund für Satz H 7

Was (I)
aber (II)
geschieht (III)
da? (IV)

Vier Anordnungen sind möglich:

I	II	III	IV
w	a	g	d?

I	III	II	IV
w	g	a	d ?

I	III	IV	II
w	g	d	a?

II	I	III	IV
a	w	g	d?

Frei ersetzbar ist Einheit IV (*da — hier — bei diesen Vorgängen*). Nicht ersetzbar, aber erweiterungsfähig ist Einheit I (*Was — Was Seltsames — Was für ein seltsamer Akt*). Gleichartig ersetzbar (wie bisher die Einheiten II) ist Einheit III (*geschieht — erfolgt*). Nicht ersetzbar und als Spezialfall erscheint (ähnlich wie „*und*") die Einheit II „*aber*". So läßt sich auch hier die Zweitstellung der Einheit „*geschieht*" ohne weiteres herstellen, ja als Normalfall betrachten.

3 A 3.18 Befund für Satz H 8/20—30

Eine Demonstration (I)
stellt (II)
sich (III)
dar (IV)
als eine Addition von zahlreichen Straftaten. (V)

Mögliche Anordnungen:

I	II	III	IV	V
eD	st	s	d	aAS

I	II	III	V	IV
eD	st	s	aAS	d

V	II	III	I	IV	(ungewöhnlich!)
aAS	st	s	eD	d	

V	II	I	III	IV	
aAS	st	eD	s	d	

Einheit II ist fest am zweiten Platz. Die Einheiten III und IV lassen sich nicht ersetzen, bei Ersatz von Einheit V muß wieder ein „als" an die Spitze treten. Einheit I läßt sich beliebig ersetzen (*Eine Demonstration — ein Protestmarsch — eine Kundgebung der Apo*). Einheit II läßt sich nur gleichartig ersetzen („*stellt* sich dar — *bietet* sich dar").

3 A 4 Zwischenergebnis und darauf gestützte Umformungsproben (Transformationen); das finite Verb

Schon aus dem kleinen Material, an dem die Analyse vorgeführt wurde (die 15 einfachen Sätze, die sich aus zwei zufällig herausgegriffenen Texten mit 237 bzw. 262 Wörtern gewinnen ließen), zeigt sich mit ziemlich großer Evidenz folgendes:

a) Es ist möglich, an deutschen Sätzen Verschiebeproben durchzuführen, ohne daß die Information in faßbarer Weise geändert wird. Die Möglichkeiten schwanken sehr stark: von 76 Anordnungen bei 7 gegeneinander verschiebbaren Einheiten (in Satz B 3/1–12) bis zu nur 3 oder 2 verschiedenen Anordnungen bei 4 bzw. 3 Einheiten (die mathematisch noch immer 24 bzw. 6 mögliche Reihenfolgen ergäben); dabei unterscheiden sich schon diese wenigen Anordnungen wenn auch nicht in der Information, so im Grad der „Üblichkeit" z. T. recht deutlich voneinander.

b) Die Anordnungen der Einheiten sind nicht willkürlich, sondern scheinen bestimmten Gesetzlichkeiten zu gehorchen; diese Gesetzlichkeiten lassen sich aber nicht leicht fassen, sie scheinen nur zum Teil aus allgemeinen Bedingungen zu kommen und zum Teil von einem Satz zum andern verschieden zu sein. So erweisen sich insgesamt die Sätze aus dem Text von Handke als weniger leicht umformbar, und die möglichen Änderungen der Anordnung ergeben stärkere Unterschiede der Üblichkeit oder der Wirkung.

c)　Die Einheiten, die sich aus der Verschiebeprobe ergeben, umfassen eine sehr ungleiche Zahl von Wörtern, und bei der Ersatzprobe zeigt sich eine große Verschiedenheit der überhaupt möglichen Wörterzahl: von Nicht-Ersetzbarkeit (die Einheit ist *überhaupt nicht* durch eine andere ersetzbar) bis zu fast beliebiger Ersetzbarkeit (durch Einheiten von 1 bis x Wörtern, ohne daß sich die Information grundlegend ändert).

d)　An *einer* Stelle können wir eine ziemlich klare Gesetzlichkeit fassen: die Einheit an zweiter (gelegentlich auch an dritter) Stelle ist *stets einwortig* und läßt sich nur durch *eine in ihrer geistig-begrifflichen Prägung wie in ihrer Lautung (Endung) ähnliche,* auch nur einwortige Einheit ersetzen. Die wenigen Einheiten dieser Art, die an dritter Stelle stehen, lassen sich leicht an die zweite Stelle bringen, ja die zweite Stelle erscheint als Normalstelle für sie.

Die Einheiten, für die die in d) genannte Regularität zutrifft, sind in unsern 15 Sätzen:

ist	*folgt*	*scheint*
gibt	*ergehen*	*ergehen*
wären	*sind*	*ist*
ist	*sitzt*	*geschieht*
unterstreicht	*schaut*	*stellt*

Wir sind durch unsere Operationen auf das gestoßen, was die Grammatik seit alter Zeit „finites Verb" nennt. Auch die übrigen nur einwortigen und nur gleichartig oder gar nicht ersetzbaren Stücke (*es, man, sich, dar, zu*) stehen auch in der traditionellen Grammatik in enger Verbindung mit dem finiten Verb (als Subjekte, Reflexive, „abtrennbare Teile des Verbs"). Bemerkenswerterweise sind wir auch nicht zuerst auf das Verb im Infinitiv gestoßen, sondern auf das Verb in der 3. Person (11 mal im Singular, 4 mal im Plural). Das stimmt auffällig zur ersten Demonstration der Wortart „Verb" (als „Rhema") bei Platon (vgl. oben S. 24—25, Sophist 262 B, dazu Glinz in „Wirkendes Wort", 7, 1956, S. 132—33).

Der Infinitiv läßt sich aber sehr leicht gewinnen, d. h. aus den Informanten herausholen, auch ohne daß diese irgend ein grammatisches Wissen haben. Man muß nur einen beliebigen Informanten bitten, an Stelle des Finitums ein Wort wie *kann, will, soll, muß, wird, dürfte* (oder den zugehörigen Plural) in den Satz einzusetzen, dann erhält man von ihm:

Ohne Frage *ist* die Aufrechterhaltung der Blöcke kein Idealzustand.

→ Ohne Frage *kann* die Aufrechterhaltung der Blöcke kein Idealzustand *sein*.

Andererseits *gibt* es zur Zeit für Westeuropa keine Sicherheit außerhalb der Nato.

→ Andererseits *kann* es z. Z. für WE keine S. *geben* außerhalb d. Nato.

→ Andererseits *kann* es z. Z. f. WE außerhalb der Nato keine Sicherheit *geben*.

(und weitere Verschiedenheiten der Anordnung)

Überlegungen zur Sicherheitspolitik *wären* unvollständig . . .

→ Überlegungen zur Sicherheitspolitik *dürften* unvollständig *sein*.

Sie *ist* ein wichtiges Instrument dieser Politik.

→ Sie *dürfte* ein wichtiges Instrument dieser Politik *sein*.

. . . unterstreicht . . .	→ *kann . . . unterstreichen*
. . . folgt . . .	→ *wird . . . folgen*
. . . ergehen . . .	→ *könnten . . . ergehen*

Es erübrigt sich wohl, die Proben vollständig vorzuführen. Bei den Sätzen H 4 und H 8/20—30 ergeben sie zugleich den Einbezug einer weiteren Einheit, deren besonderes Verhalten uns schon aufgefallen ist, in den Infinitiv:

Man *schaut* dem Lauf der Dinge *zu* → Man kann dem Lauf der Dinge *zuschauen*

Eine Demonstration *stellt* sich *dar* als . . . → Eine Demonstration läßt sich *darstellen* als . . .

Ebenso lassen sich Singular und Plural durch einfache Transformationen ineinander überführen:

Still *ergehen* parallel die Urteile ←→ Still *ergeht* parallel das Urteil

Eine Demonstration *stellt* sich dar ←→ Demonstrationen *stellen* sich dar.

Auf die weiteren damit verbundenen Veränderungen (Kongruenz von finitem Verb und Subjekt) gehen wir später ein.

Wir haben damit ein Kernstück der traditionellen Grammatik, nämlich den Begriff „Verb" in finiter Form und im Infinitiv, mit streng kontrollierbaren Methoden als für das heutige Deutsch objektiv gültig erwiesen (objektiv = intersubjektiv unter genügend Informierten, vgl. oben S. 14—15), und wir können uns von nun an auf diese Be-

49

griffe stützen, ohne die Überprüfung in jedem Fall nochmals vornehmen zu müssen. Für Zweifelsfälle werden wir aber jederzeit auf unsere Prüfverfahren zurückgreifen können.

Aufgaben zu 3

3 B 1 Überprüfen der Beispielanalyse

Überprüfen Sie die Beispiel-Analyse, die zur Gewinnung der Begriffe „finites Verb" und „Verb im Infinitiv" geführt hat, an einigen einfachen Sätzen, die Sie den Texten auf S. 17—25 entnehmen. Überprüfen Sie sie auch an zufällig herausgegriffenen einfachen Sätzen eines beliebigen Textes.

3 B 2 Vergleich mit der Präsentation im „Duden"

Diskutieren Sie im Licht des in diesem Kapitel vorgeführten Ganges die Präsentation der Wortart „Verb" in der Duden-Grammatik; Sie lesen dort auf S. 64 (Ziff. 500):

Beim Lesen dieses Textes treten folgende Wortarten hervor:

1. Verben

Im Vordergrund stehen die Wörter, die uns sagen, was sich ereignet hat oder was ist:

sie *langten an*, wohin sie *wollten;* der Torwächter *trat heraus, wünschte* ihnen einen guten Morgen; *pries* die Reisenden; in dem Städtchen *war* noch alles leer und still; Nachtigallen *schlugen;* Brunnen *rauschten* u. a.

Da sich alles Geschehen oder Sein aber in unserem Erleben, in unserer Erinnerung oder in unserer Erwartung vollzieht, sind diese Wörter mit Hilfe ihrer Formenwelt auch nach diesen Stufen veränderlich: wünsch*e,* wünsch*te* usw. Man nennt diese Wörter Z e i t w ö r t e r oder auch V e r - b e n (...).

Auf S. 68 steht (Ziff. 580):

I. *Grundleistung und Einteilung der Verben*

Da es dem Verb zufällt, das Sein und Geschehen zu bezeichnen (vgl. 500), bildet es in fast allen Sätzen den grammatischen Kern der Aussage (vgl. 5090). Dadurch kommt ihm eine Bedeutung zu, die es über alle anderen Wörter erhebt. Das bringt das lateinische Wort *verbum* zum Ausdruck, das einfach „Wort" bedeutet.

4 Weiterentwicklung des Zeichenbegriffs; Schichtenmodell der Sprache: Phonomorphie — Morphostruktur — Nomostruktur

4 A 1 Vorbemerkung

Wir haben bisher nur den einfachen Zeichenbegriff vorausgesetzt, wie er von Saussure aufgestellt und von den meisten modernen Linguisten übernommen worden ist: Zeichen = feste Verbindung eines Bezeichneten (eines Geistig-Begrifflichen, einer „Bedeutung") mit einem Bezeichnenden (einer „Lautung"), vgl. den Band „Linguistische Grundbegriffe", Kapitel 2.

Nun haben wir durch primär topologische Operationen einen ersten grammatischen Begriff gewonnen, nämlich den Begriff „Verb" in finiter Form und im Infinitiv. Es ist zugleich ein zentraler Begriff, ja *der* zentrale Begriff der traditionellen Grammatik. Wir gehen daher nun nicht mehr rein topologisch weiter — das würde einen unnötigen Aufwand an Zeit und Mühe bedingen —, sondern wir benutzen die in der traditionellen Grammatik schon herausgearbeiteten verbalen Kategorien als Ansatzpunkte und überprüfen sie mit Hilfe weiterer Operationen, die nun nicht mehr nur topologisch, sondern auch semantisch orientiert sind. Zu diesem Zweck müssen wir aber eine *Modifikation des Zeichenbegriffs* vornehmen — eine Differenzierung, die auch schon in der traditionellen Grammatik angezielt ist, die aber dort wie vor allem auch in der historisch orientierten Sprachwissenschaft nicht klar genug zum Ausdruck kommt und gelegentlich auch ganz vernachlässigt wird.

4 A 2 Phonomorphie und geistig-begriffliche Seite der Sprache

Wir betrachten folgende Proben:

jemand *ist* so	⟷	jemand soll so *sein*
„ *gibt* jemand etwas	⟷	„ „ jemand etwas *geben*
„ *sitzt* irgendwo	⟷	„ „ irgendwo *sitzen*
etwas *geschieht*	⟷	etwas kann *geschehen*
„ *folgt* auf etwas anderes	⟷	„ „ auf etwas anderes *folgen*
jemand *stößt* auf etwas	⟷	jemand kann auf etwas *stoßen*

jemand *hört* etwas	⟷	jemand kann etwas *hören*
„ *ahnt* nichts	⟷	„ „ nichts *ahnen*
„ *rät* etwas	⟷	„ „ etwas *raten*
„ *wählt* „	⟷	„ „ „ *wählen*

Wir haben also, übersichtlich dargestellt, folgende Relationen zwischen Finitum und Infinitiv:

ist ⟷ *sein*	*folgt* ⟷ *folgen*	*ahnt* ⟷ *ahnen*
gibt ⟷ *geben*	*stößt* ⟷ *stoßen*	*rät* ⟷ *raten*
sitzt ⟷ *sitzen*	*hört* ⟷ *hören*	*wählt* ⟷ *wählen*
geschieht ⟷ *geschehen*		

Nun liegt die Frage nahe: ist das *eine* Relation, und müssen wir aus allen vorgelegten Beispielen und allen ihnen entsprechenden andern nur *zwei* Klassen bilden (nämlich Finitum, in 3. Person Singular, gegenüber Infinitiv), oder müssen wir *viele kleinere* Klassen bilden, in der folgenden Art:

(*hört–hören ahnt–ahnen*   -*t* ⟷ -*en* „regelmäßig
sitzt–sitzen usw.)

(*stößt–stoßen rät–raten usw.*) . . ö . . *t* ⟷ . . o . . en⎱ „Verben
                   . . ä . . *t* ⟷ . . a . . en⎰ mit
                                        Umlaut"

(*gibt–geben geschieht–geschehen*)   „Verben
            . i . . *t* ⟷ . . e . . *en* mit
                                 Brechung"

(*ist–sein*)   völlige Verschieden- ⎱ „unregel-
                         heit ⎰ mäßig"

Ergebnis: Beide Einteilungen sind begründet, aber sie beziehen sich auf Verschiedenes. Die Einteilung „regelmäßige Verben — Verben mit Umlaut — Verben mit Brechung" usw. bezieht sich *nur* auf die Lautung, nur auf das *Bezeichnende*, das *Signifiant* nach Saussure. Die Einteilung „Finitum in 3. P. Sg. — Infinitiv" bezieht sich dagegen auf das *Zeichen als Ganzes*, denn hier *entspricht* dem (mehr oder weniger regulären) Unterschied auf der Lautungsseite ein klar faßbarer Unterschied auf der geistig-begrifflichen Seite, nämlich in der *grammatischen Funktion.*

Nun setzt der Saussuresche Zeichenbegriff in seiner *idealen* Form offensichtlich voraus, daß *jedem* Unterschied in der Lautung *auch* ein Unterschied auf der geistig-begrifflichen Seite entspricht und umgekehrt, und das müßte dann logischerweise nicht nur für Einzelzeichen, sondern auch für ganze Zeichenklassen gelten. Diese Idealität ist offenbar in der Sprache *nicht* gegeben.

Wie weit das Saussure bewußt war, läßt sich aus dem „Cours" nicht eindeutig entnehmen, spielt aber hier auch keine Rolle, da es nicht um Saussure-Exegese geht, sondern um die Klarheit der bei unsern Operationen gemachten Grund-Annahmen.

Wir verzichten also bewußt und ausdrücklich auf die oben dargestellte Idealität des Zeichen-Begriffs (sei sie nun von Saussure angenommen worden oder nicht — praktisch hat man immer darauf verzichtet), und wir formulieren:

Verschiedenheit sprachlicher Zeichen und daher auch Verschiedenheit von *Zeichen-Klassen* setzen wir *nur* dort und *überall* dort an, wo unsere *Operationen* (genauer: die in den Operationen manifest werdende *Kompetenz der Sprachteilhaber*) es ausweisen. Unterschiede der *Lautung allein* begründen keinen Unterschied von Zeichen; umgekehrt kann auch eine Verschiedenheit von Zeichen und ganzen Zeichenklassen bestehen, *ohne* daß entsprechende Lautungsunterschiede bestehen; das muß aber in jedem Falle durch Operationen nachgewiesen werden. Wir konstatieren also eine gewisse *Unabhängigkeit* der geistig-begrifflichen Seite von der Lautungsseite in der Sprache, bei aller Anerkennung der Tatsache, daß die beiden *grundsätzlich* zusammengehören und sich im großen und ganzen entsprechen. Dabei ist uns für die Gleichheit oder Verschiedenheit von Zeichen die *geistig-begriffliche* Seite maßgebend, nicht die lautliche.

Um diesen Befund besser festzuhalten, führen wir einen neuen Terminus ein. Wir nennen alles, was wir an der *Lautung der Wörter* beobachten, **Phonomorphie** (= Abkürzung aus „Phono-Morphologie") — unbekümmert darum, ob durch die betr. Lautung zugleich eine Verschiedenheit auf der geistig-begrifflichen Seite signalisiert wird oder nicht.

4 A 3 Exkurs: das Problem der Phonologie

Vielleicht erstaunt es manchen Benutzer dieses Kurses, daß Phonologie (oder Phonetik) und Morphologie nicht unterschieden, sondern im Begriff „Phonomorphie" zusammengenommen werden. Die Begründung für dieses Zusammennehmen liegt darin, daß der übliche Phonembegriff auf eine Sprache wie das Deutsche streng genommen nicht anwendbar ist.

So ist ein „e" im Deutschen das eine Mal ein Phonem, denn es unterscheidet zwei Wortformen („er *segelt* − er *segelte*", Präsens gegen Präteritum), und das andere Mal ist es kein Phonem im strengen Sinn, weil die Wortform mit und ohne „e" äquivalent ist („im *Bett* − im *Bette;* an diesem *Tag* − an diesem *Tage*"). Eine Zusammenstellung der Phoneme als der „kleinsten Elemente der lautlichen Darstellung", also eine Phonologie oder Phonematik ist trotzdem möglich und aufschlußreich, aber sie hat für den operationalen Aufbau der Grammatik von der Syntax her so gut wie keine Bedeutung.

4 A 4 „Bloße Phonomorphie"

Bei der praktischen Arbeit müssen wir also stets prüfen, ob einem uns vorliegenden Unterschied der *Lautung* auch ein Unterschied auf der geistig-begrifflichen Seite entspricht (ob verschiedene Wörter, verschiedene grammatische Kategorien vorliegen), ob sich also Phonomorphie und geistig-begriffliche Sprachstruktur decken − oder ob *nur* eine lautliche Verschiedenheit vorliegt, also zwei (oder mehr) verschiedene Signalisierungen für *ein* Zeichen oder *eine* Zeichenklasse. In solchen Fällen sprechen wir von „bloß phonomorphischem Unterschied" oder abkürzend von *bloßer* Phonomorphie.

Solche bloß phonomorphische Unterschiede haben wir z. B. im Nebeneinander von „er *ward* − er *wurde*", von „der *andere* − der *andre*" u. a. m. Ein besonders gutes Beispiel für Verschiedenheit der Phonomorphie bei gleicher grammatischer Kategorie (gleichem Wert auf der geistig-begrifflichen Seite der Sprache) ist die Bildung des gleichen Tempus oder Modus bei verschiedenen Verben (die genaue Bestimmung des kategorialen Wertes erfolgt in den Kapiteln 8, 9 und 10):

Präsens	Präteritum	Konjunktiv I	Konjunktiv II
geht	*ging*	*gehe*	*ginge*
steht	*stand*	*stehe*	*stünde*
fleht	*flehte*	*flehe*	*flehte*
ist	*war*	*sei*	*wäre*
vermißt	*vermißte*	*vermisse*	*vermißte*

vergißt	vergaß	vergesse	vergäße
schweigt	schwieg	schweige	schwiege
zeigt	zeigte	zeige	zeigte

usw.

4 A 5 Zum Vergleich mit andern linguistischen Schulen (I)

Im amerikanischen Strukturalismus ist in Anlehnung an den Begriff „Allophon" (= Variante eines Phonems) der Begriff „Allomorph" entwickelt worden (E. Nida, 1948). Allomorphe sind definiert als verschiedene lautliche Signalisationen für *ein* Morphem (also z. B. *ward — wurde, stand — stund* usw.). Nun benutzen wir den Begriff „Morphem" hier nicht, weil wir ihn nicht eindeutig genug durch Operationen fassen und auf *einer* Analyse-Ebene lokalisieren können. Wir können aber sagen, daß *bloße* Phonomorphie überall da vorliegt, wo es sich nach strukturalistisch-amerikanischer Terminologie um Allomorphe handelt. Die Phonomorphie *überhaupt* umfaßt aber nicht nur den Bereich der Allomorphe, sondern den *gesamten* Bereich der Lautung, soweit sie sich an Wörtern zeigt (ob nun „morphologisch" oder „phonologisch" bestimmt). Was über die Wörter hinausgeht, die „Satzphonetik" (oder die „suprasegmental phonemes") gehört nach dem hier zu entwickelnden Schichtenmodell unter den Begriff der „Phonodie" (Grundgestalten der Stimmführung, Melodie und Intensität), der an dieser Stelle noch nicht behandelt werden kann.

4 A 6 Stellung der Phonomorphie im Ganzen der Sprachanalyse

Für eine taxonomische Grammatik, die sich nur auf ein Korpus von Texten oder Bandaufnahmen stützt und sich die Selbstbeobachtung verbietet (vgl. dazu den Band „Linguistische Grundbegriffe", Abschnitt 7 A 3.2 und 3) ist die Aufarbeitung der Phonomorphie eine erste Aufgabe. Entsprechend sind die meisten Arbeiten des amerikanischen Strukturalismus der 40er und 50er Jahre angelegt.

Auch für eine generative Grammatik, die sich als Vorarbeit für den Bau von Übersetzungsmaschinen oder überhaupt für „synthetische Sprach-Nachbildung" versteht, ist die Aufdeckung und systematische Ordnung aller Erscheinungen der Phonomorphie grundlegend, weil die Maschine beim „Erkennen" des Textes von der im Text vorliegenden Phonomorphie zu den durch sie dargestellten Werten der geistig-begrifflichen Seite kommen muß (zu den grammatischen Kategorien und den Wortbedeutungen), und weil sie beim Herstellen des Textes in der Zielsprache von diesen grammatischen und lexikalischen Werten aus die in der betr. Sprache für diese Werte übliche („richtige") Phonomorphie aufsuchen und ausdrucken muß.

Zu großen Teilen auf die Phonomorphie gerichtet war auch die gesamte historisch-vergleichende Sprachforschung des 19. Jahrhunderts, vor allem seit den Junggrammatikern (um 1880).

Für eine operationale Grammatik wie die hier entwickelte, die sich auf systematisch durchgeführte Proben mit Informanten stützt, ist dagegen das Problem der Phonomorphie zweitrangig, da es hier zuerst darauf ankommt, das *Funktionieren* aller Werte der geistig-begrifflichen Seite zureichend zu beschreiben. Die Ausschaltung des *nur* der Phonomorphie Zugehörigen erfolgt durch die Proben sozusagen von selber und mit hohem Sicherheitsgrad.

Die Zuordnung der üblichen („richtigen") Phonomorphie für jede grammatische Kategorie und jedes Einzelzeichen ist ein besonderes Problem des Gedächtnisses, der „Einlagerung" der Kompetenz in die neurophysiologischen (letztlich molekularen) Strukturen des Gehirns. Die Erforschung dieser „Speicherungsphänomene" ist ein sehr wichtiges und reizvolles Problem, aber es kann nicht primär vom Linguisten gelöst werden, sondern fällt vor allem dem Molekularbiologen zu. Der Linguist seinerseits kann seinen Anteil daran (die richtige Formulierung der Fragen) erst leisten, wenn er sich über die Abgrenzung und das Funktionieren der Strukturen und Einzelwerte der geistig-begrifflichen Seite, vor allem der „eigentlich grammatischen Werte" genügende Klarheit verschafft hat. Darum können und müssen wir uns hier damit begnügen, die grundsätzliche Stellung der Phonomorphie klar gemacht zu haben.

4 A 7 Morphostruktur und Nomostruktur

Um der Klarheit und Übersichtlichkeit willen führen wir hier auch sogleich eine grundlegende Unterscheidung ein, die wir auf der geistig-begrifflichen Seite machen (im Bereich der „eigentlichen Sprachstruktur", wenn man so will) und die wir erst später in ihrem vollen Umfang behandeln können.

Wir finden nämlich eine ganze Reihe von Regularitäten (Klassenbildung von Zeichen, Muster für die Kombination von Einzelzeichen), die sich bei den elementaren Operationen als allgemein und durchgehend erweisen, also nicht nur der Phonomorphie angehören, sondern der geistig-begrifflichen Seite, für die wir aber *keinen* entsprechend regulären Informationsunterschied fassen können.

Ein Beispiel: Bei Verbindungen eines Verbs im Infinitiv mit einem Finitum finden wir z. T. ein verbindendes *„zu"* vor dem Infinitiv, z. T. tritt kein solches Verbindungssignal auf:

Er *will* morgen *kommen.*

Er *beabsichtigt* morgen *zu kommen.*

Ein solches *„zu"* vor einem Infinitiv, der an *„beabsichtigen"* angeschlossen werden soll, ist vollkommen regulär. Es tritt in *jedem* Falle auf, unbekümmert um die Art des Infinitivs; es ist aber *getrennt* von dem Verb, durch das seine Setzung bedingt ist:

Er *beabsichtigt* das Angebot anzunehmen.

Er *beabsichtigt* zuzusagen.

Das *„zu"* kann also nicht als bloßer Teil des Verbs aufgefaßt werden (wie eine Vorsilbe oder eine Endung), sondern muß als eigenes Wort anerkannt werden (trotz der oft vorliegenden Zusammenschreibung mit dem Verb — wir haben hier eine erste Verfeinerung des *nur* orthographischen Wortbegriffs). Man rechnet es daher wohl besser nicht zur Phonomorphie, wie wir sie definiert haben (obwohl sich auch dafür Argumente anführen ließen), sondern zur „eigentlichen Sprachstruktur".

Nun gelingt es aber nicht, für den Infinitiv mit *„zu"* und ohne *„zu"* je einen besonderen Informationswert herauszufinden. Der Unterschied, wenn vorhanden, liegt bei den obigen Beispielen zwischen *„wollen"* und *„beabsichtigen"*; daß bei *„beabsichtigen"* noch ein *„zu"* eintritt, bei *„wollen"* aber nicht, das erscheint als ein *grammatischer Mechanismus,* der durch die Wahl des Träger-Ausdrucks bedingt ist und mit der Information nichts zu tun hat. Das wird noch klarer bei den Verben, die man sowohl mit wie ohne *„zu"* benützen kann:

Hier lernt der Anfänger methodisch *vorzugehen/vorgehen.*

Man lehrt ihn methodisch *vorzugehen/vorgehen.*

Das hilft ihm die Angst *überwinden / die Angst zu überwinden.*

Ein weiteres Beispiel sind die drei Genera („Geschlechter") beim Substantiv:

Schnee war zu erwarten.

Glatteisbildung war zu erwarten.

Glatteis war zu erwarten.

Wenn man zu diesen drei Sätzen ein Pronomen oder Adjektiv hinzugefügt oder das Substantiv durch ein Pronomen aufnimmt, muß man differenzieren:

Der Schnee — gefährlic*her* Schnee — *er*
Die Glatteisbildung — gefährlich*e* Glatteisbildung — *sie*
Das Glatteis — gefährlich*es* Glatteis — *es*

Die genauere Behandlung dieser Probleme kann erst im zweiten Teil dieser Grammatik erfolgen (Kap. 14, S. 118—123), doch ist hier schon klar, daß es sich um durchlaufende grammatische Regularitäten *ohne* Informationswert handelt.

Wir haben also auch in der „eigentlichen Sprachstruktur", auf der geistig-begrifflichen Seite der Sprache, viele Zeichenklassen, Einzelzeichen und Kombinationsmuster für Einzelzeichen, die *nicht unmittelbar* Information vermitteln, sondern nur *sprachliche Mechanismen* darstellen, wenn auch „höheren Grades" als in der Phonomorphie, nämlich auf der geistig-begrifflichen Seite.

Für diesen Bereich führen wir den Terminus *Morphostruktur* ein, während wir bei den unmittelbar informationstragenden Einzelzeichen, Zeichenklassen und Kombinationsmustern von *Nomostruktur* sprechen.

4 A 8 Nomostruktur und „Semantik"

Die Nomostruktur deckt sich in weitem Maß mit dem, was man heute gemeinhin „semantisch" nennt. Nun wird aber das Substantiv „Semantik" oft als Gegensatz zu „Syntax" gebraucht, als das „Inhaltliche" im Gegensatz zum „Formalen". Uns kommt es jedoch gerade darauf an, *auch* in der Syntax die *beiden* Bereiche, die wir in diesem Abschnitt ein erstes Mal umrissen haben, sorgfältig zu unterscheiden. Daher wäre es irreführend, wenn wir etwa das Namenpaar „Morphostruktur" (oder „Formalstruktur") und „Semantik" gebrauchen wollten, und es ist um der Klarheit willen empfehlenswert, für jeden der beiden Bereiche einen Terminus zu haben, der die *ganze Breite* von der Syntax bis zum Einzelzeichen zu decken vermag. In diesem Sinn benutzen wir die Termini „Morphostruktur" und „Nomostruktur". Wo durch den Zusammenhang gewährleistet ist, daß keine Mißverständnisse auftreten, benutzen wir der Kürze halber das Wort „semantisch" als Äquivalent zu „in der Nomostruktur, nomostrukturell".

4 A 9 Schwierigkeiten der Zuweisung im konkreten Fall

Die Grenzziehung zwischen Morpho- und Nomostruktur, oder anders gesagt die Zuweisung eines konkreten beobachteten Phänomens zum einen oder zum andern Bereich, ist nicht so leicht und nicht so eindeutig vorzunehmen wie die Abgrenzung der Phonomorphie. Wir dürfen uns Morpho- und Nomostruktur — so grundlegend diese Unterscheidung für uns ist und so sehr etwas Ähnliches in der gesamten modernen Linguistik fast überall vertreten wird — *nicht* als *gleichmäßig durchlaufende* Schichten vorstellen, sondern als eine innere Komplizierung der idealiter einheitlichen geistig-begrifflichen Seite der Sprache — und diese Komplizierung kann an verschiedenen Stellen des Gesamtkomplexes „Sprache" recht verschieden aussehen.

Wir haben daher von nun an immer zu prüfen, ob wir mit unsern Operationen auf Einheiten, Klassen und Kombinationsmuster stoßen, die *direkt* informationstragend sind, für die sich also Nomostruktur und Morphostruktur decken, oder ob wir Einheiten, Klassen, Kombinationsmuster vor uns haben, die *nur* sprachliche Mechanismen darstellen und die daher *nur* zur Morphostruktur gehören, während in der Nomostruktur andere Einteilungen, Abgrenzungen usw. bestehen. Wir müssen auch immer damit rechnen, daß wir Werte antreffen, die *nur* in der Nomostruktur existieren und für die weder in der Morphostruktur noch in der Phonomorphie eine eindeutige Signalisierung vorhanden ist, die aber *doch feste sprachliche Werte* sind und beim Verstehen entsprechend beachtet werden müssen. Es wird sich als besonders wichtig erweisen, kombinierte Operationen zu entwickeln, durch die wir auch solche Werte objektiv (= intersubjektiv) nachweisen können und nicht in die Gefahr geraten, von angenommenen Denkgesetzen her etwas in die Sprache hineinzulegen, was nicht in ihr ist.

4 A 10 Hilfs-Charakter des Schichtenmodells

Schließlich müssen wir uns bei dieser ganzen Arbeit darüber klar sein, daß auch die Unterscheidung von Morphostruktur und Nomostruktur noch eine gewisse Idealisierung darstellt und daß die wirklichen Verhältnisse *noch* komplizierter sein können.

Alle diese Zusammenhänge können hier erst angedeutet werden; eine genauere Behandlung ist erst in einem späteren Band möglich.

Auf jeden Fall muß aber klar sein, daß wir bei der konkreten Arbeit *nicht* von den Begriffen unseres Schichtenmodells ausgehen, wie wenn sie *Axiome* wären; wir gehen vielmehr nach wie vor von Texten aus und untersuchen diese mit hierfür geeigneten Operationen, und die Begriffe des Schichtenmodells dienen uns als *Orientierungshilfe* für die Beurteilung der Resultate und für ihre Zusammenschau.

4 A 11   Zum Vergleich mit andern linguistischen Schulen (II)

Phonomorphie und Morphostruktur *zusammen* entsprechen ungefähr dem, was in der generativen Transformationsgrammatik als *Oberflächenstruktur* bezeichnet wird, während die Nomostruktur zu dem gehört, was dort als *Tiefenstruktur* bezeichnet wird. Die Benutzung eigener Termini erweist sich aus mehreren Gründen als empfehlenswert, auch abgesehen davon, daß die Termini schon geschaffen wurden, als die Ausdrücke „Oberflächenstruktur" und „Tiefenstruktur" noch kaum bekannt waren. „Oberfläche" wie „Tiefe" sind stark metaphorisch, und das kann stören (so wenn die „Tiefenstruktur" einen „höheren Rang" hat und die „Oberflächenstruktur" im Rang *unter* ihr steht). Dazu muß nach Ansicht der Herausgeber dieser Reihe *innerhalb* der Oberflächenstruktur sorgfältig unterschieden werden zwischen Phonomorphie und Morphostruktur. Ferner muß man *innerhalb* der Tiefenstruktur immer fragen, ob man *feste* sprachliche Werte vor sich hat, also etwas, was in die *Kompetenz* gehört, oder ob es sich um das *hic et nunc mit einem Ausdruck, einem Satz Gemeinte* handelt, also um etwas, was in die *Performanz* gehört. Diese beiden Bereiche werden beim landläufigen Gebrauch des Terminus „Tiefenstruktur" oft unkontrolliert durcheinandergebracht.

Mit dem großen Gewicht, das sie auf die Erforschung der *Nomostruktur*, insbesondere der „Nomosyntax" legen, treffen sich die Herausgeber dieser Reihe mit der sog. „inhaltbezogenen Sprachforschung", die durch Leo Weisgerber gefordert worden ist. Der große Unterschied liegt aber darin, daß in der operationalen Grammatik zwar immer die Werte der Nomostruktur, die „geltenden Einheiten und Strukturen der Sprache" (die *Sprachinhalte* in Weisgerbers Sinn) *gesucht* werden, daß man aber bei diesem Suchen *nicht* von vornherein von konkreten Annahmen über diese Werte ausgeht und ebensowenig von ungeprüften Kategorien der traditionellen Grammatik oder von andern Entwürfen, sondern stets von *Operationen* mit *Informanten*, in der Arbeit an *Texten*.

Darum sehen auch die Resultate zu großen Teilen markant anders aus, als was Weisgerber bisher als „inhaltbezogene Grammatik" vorgelegt hat. Zum wissenschaftsgeschichtlichen Verhältnis vgl. die Vorbemerkungen zu den neuen Auflagen (von 1961 an) des Buches „Die innere Form des Deutschen", das von vielen als eine „inhaltbezogene Grammatik" aufgefaßt wurde, in seiner erklärten Absicht aber eine streng strukturalistisch-operational aufgebaute Rechenschaft von der Morphostruktur des Deutschen bietet.

Aufgaben zu 4

4 B 1 Beispiele für bloße Phonomorphie

Suchen Sie weitere Beispiele (außerhalb der im Text erwähnten) für verschiedene Phonomorphie bei gleicher grammatischer Kategorie: stellen Sie neben die deutschen Beispiele auch Beispiele aus den Fremdsprachen, die Sie kennen (z. B. puer — pueri, puella — puellae, homo — homines, child — children).

4 B 2 Phonomorphie bei Weisgerber und Chomsky

Diskutieren Sie im Blick auf die Unterscheidung „eigentliche Sprachstruktur — bloße Phonomorphie" die folgenden Stellen von Leo Weisgerber und Noam Chomsky:

4 B 2.1 *Weisgerber*

Zum Satz | Er | klopfte | seinem Freunde | auf die Schulter | :
Von den Wortarten her ergäbe sich als übliche Bestimmung:

Nom. eines Pronomens, 3. P. Sg.	3. P. Sg. Indikativ Präteritum Aktiv (schwaches Verb)	Dativ Sing. starkes Masc. + Dat. Sing. des Possessivpronomens masc.	Präposition + Akk. Sing. gemischte Deklination, fem.

Nicht alle Eigenarten der „Satzstücke" sind für den Bauplan relevant; grammatisches Genus, Numerus, Person, Tempus, Flexionstyp, auch Unterscheidung zwischen Substantiv und Personalpronomen sind für den Bauplan gleichgültig. Es bleiben Nominativ eines deklinierbaren Wortes, finite

Form eines konjugierbaren Wortes, Dativ eines deklinierbaren Wortes, Präposition bei dem Akkusativ eines deklinierbaren Wortes. Die Erkennbarkeit dieser Bestimmtheiten muß entweder unmittelbar durch Endungen oder aus dem System der betreffenden Formenkreise gesichert sein.

L. Weisgerber, Die vier Stufen in der Erforschung der Sprachen, 1963, S. 268.

4 B 2.2 Chomsky

It is important to bear this in mind in considering the masses of linguistic data that lie beyond the scope of an explicit generative grammar, proposed for some fragment of a language. It is no criticism of this grammar to point to data that is not encompassed by its rules, where this data has no demonstrated bearing on the correctness of alternative formulations of the grammar of this language or on alternative theories of language. Until incorporated in an explicit generative grammar, such examples simply stand as exceptions, no more relevant to the correctness of the already formulated rules than strong verbs and irregular plurals. Listing of innumerable examples is neither difficult nor very interesting; it is quite another matter to find rules that account for them, or a general theory of such rules.

N. Chomsky, The logical basis of linguistic theory, in: Proceedings of the Ninth International Congress of Linguists 1964, S. 938.

Lösungshinweise:

Parallelisierung von „grammatisches Genus, Numerus, Person, Tempus" und „Flexionstyp" bei Weisgerber.

„Strong verbs" und „irregular plurals" als einzige von Chomsky ausdrücklich genannte Beispiele für die „masses of linguistic data that lie beyond the scope of an explicit generative grammar" und ihre Charakterisierung als „exceptions", die die Gültigkeit der schon formulierten Regeln nicht beeinträchtigen.

5 Andere Stellungen des Finitums

5 A 1 Finitum in Endstellung

Wir gehen nun daran, *alle* finiten Verbformen in den beiden Texten von S. 29–31 zu überprüfen, nachdem wir bisher nur diejenigen in den einfachen Sätzen betrachtet haben.

5 A 1.1 Teilsatz B 2/1–4:

Es *bleibt* ein Dilemma

Gleicher Befund wie bei den einfachen Sätzen (der Satz wurde nur deswegen nicht bei den einfachen Sätzen betrachtet, weil man ihn nicht mit Punkt abschließen kann, ohne daß der Anschluß des Folgenden gestört wird).

5 A 1.2 Teilsatz B 2/5–28:

. . ., daß die Sicherheitssysteme — entstanden als Schutz gegen den kriegerischen Austrag bestehender Spannungen — nicht als kongruente Teile oder Vorstufen einer dauerhaften Friedensordnung angesehen werden *können*.

Zur sicheren Bestimmung des Finitums (das hier gleich lautet wie der Infinitiv, vgl. oben S .53–56 über „Phonomorphie") führen wir eine Umformungsprobe durch; wir setzen den Satz in den Singular: *daß der Komplex der Sicherheitssysteme . . . angesehen werden k a n n.* Das Finitum steht also am *Ende* des sehr langen Teilsatzes (als letztes von 24 Wörtern). Eine Verschiebeprobe ist kaum möglich, man kann höchstens den zwischen Gedankenstrichen stehenden Teil 2/8–16 schon hinter „daß" rücken (*daß — entstanden . . . — die Sicherheitssysteme . . .*), und das wirkt ungewöhnlich und kühn. Dagegen ändert das Finitum sofort seinen Platz, wenn wir „daß" weglassen:
Es bleibt ein Dilemma: die Sicherheitssysteme — entstanden . . . — *können* nicht als . . . angesehen werden.
Nun ist auch eine Verschiebeprobe möglich:
Als kongruente Teile oder Vorstufen einer dauerhaften Friedensordnung *können* die Sicherheitssysteme — entstanden als Schutz gegen den kriegerischen Austrag bestehender Spannungen — nicht angesehen werden.

Als nur geschlossen verschiebbare Einheiten erweisen sich damit:
die Wörter 6—16
Wort 17
die Wörter 18—25
die Wörter 26—27
Wort 28

Das Finitum steht nun wie in allen bisherigen einfachen Sätzen an zweiter Stelle. Umgekehrt ergibt eine Gegenprobe, daß bei Voranstellung von „daß" auch in allen bisher betrachteten einfachen Sätzen das Finitum seine Zweitstellung nicht beibehält, sondern in Endstellung rückt oder mindestens rücken kann.

5 A 1.3 daß-Probe an Satz B 1

Ohne Frage *ist* die Aufrechterhaltung der Blöcke kein Idealzustand.

→ *daß* ohne Frage die Aufrechterhaltung der Blöcke kein Idealzustand *ist* (Endstellung des Finitums ist die einzige Möglichkeit).

5 A 1.4 daß-Probe an Satz 3/1—12

Andererseits *gibt* es zur Zeit für Westeuropa keine Sicherheit außerhalb der Nato.

→ *daß* es andererseits zur Zeit für Westeuropa keine Sicherheit außerhalb der Nato *gibt*.

Die Einheiten *„außerhalb der Nato"*, *„für Westeuropa"* und auch *„zur Zeit"* können auch hinter das Finitum treten; die Einheiten *„es"* und *„keine Sicherheit"* müssen vor dem Finitum bleiben (also in der Klammer von *„daß* . . . Finitum"), die Einheit *„andererseits"* kann u. U. auch an den Schluß gerückt werden.

5 A 1.5 daß-Probe an Satz B 5/1—14

Überlegungen zur Sicherheitspolitik *wären* unvollständig ohne einen Blick auf Funktion und Funktionsweisen der Bundeswehr.

→ *daß* Überlegungen zur Sicherheitspolitik unvollständig *wären* ohne einen Blick auf Funktion und Funktionsweisen der Bundeswehr.

→ *daß* Überlegungen zur Sicherheitspolitik ohne einen Blick auf Funktion und Funktionsweisen der Bundeswehr unvollständig *wären*.

→ *daß* ohne einen Blick auf Funktion und Funktionsweisen der Bundeswehr Überlegungen zur Sicherheitspolitik unvollständig *wären.*

Also auch hier: wenn man den Satz mit *„daß"* anfängt, rückt das Finitum *„wären"* in Endstellung; die Einheit *„ohne einen Blick auf . . . "* kann noch hinter das Finitum gerückt werden, die anderen Einheiten nicht.

5 A 1.6 *daß-Probe zu Satz 5/15–21*

Sie *ist* ein wichtiges Instrument dieser Politik.
→ *daß* sie ein wichtiges Instrument dieser Politik *ist.*
Eindeutige Endstellung des Finitum *„ist"*; keine Änderung der Reihenfolge möglich.

5 A 1.7 *daß-Probe zu den Sätzen B 6, H 1/1–6, H 2, H 3/1–14, H 3/15–20, H 5/1–4, H 5/1–13, H 8/20–30.*

Das gleiche Ergebnis (Finitum in Endstellung, keine Verschiebemöglichkeit) zeigt die Hinzufügung von *„daß"* bei den Sätzen B 6, H 2, H 4, H 5/10–13. Bei den Sätzen H 1/1–6, H 3/1–14, H 3/15–20, H 5/1–4 ist für das Finitum auch nur Endstellung möglich, wenn der Satz mit *„daß "*begonnen wird, doch lassen sich die übrigen Einheiten z. T. verschieben.

Bei Satz H 8/20–30 kann die Einheit *„als eine Addition von . . . "* hinter das Finitum treten.

5 A 1.8 *daß-Probe zu Satz H 1/7–14*

Still *ergehen* parallel in den Gerichtssälen die Urteile.
Die Probe mit *„daß"* macht Schwierigkeiten. Man kann in Betracht ziehen:
→ *daß* still parallel in den Gerichtssälen die Urteile *ergehen.*
→ *daß* parallel still in den Gerichtssälen die Urteile *ergehen.*
→ *daß* still in den Gerichtssälen parallel die Urteile *ergehen.*
Keine der drei Umstellungen befriedigt alle Informanten; man würde eher umformen:
→ *daß* still in den Gerichtssälen die Urteile *ergehen,* eines wie das andere, völlig parallel.
Die Schwierigkeit mit diesem einzelnen Satz erschüttert aber offenbar die allgemeine Regularität nicht — im Gegenteil: durch diese

Proben tritt klar hervor, was sich schon bei der Verschiebeprobe andeutete, nämlich daß dieser Satz ungewöhnlich geformt ist und am Rande der „Grammatikalität" steht.

5 A 1.9 daß-Probe zu Satz H 5/5—9

Und drinnen *ergehen* die Urteile.

→ und daß drinnen die Urteile *ergehen*.

→ und daß die Urteile *ergehen* drinnen (ungewöhnlich).

Die Probe bestätigt die Sonderstellung der Einheit „*und*", die wir schon bei der Verschiebeprobe erkannten (siehe oben S. 45).

Die Einheit „*drinnen*" kann hinter das Finitum treten.

5 A 1.10 daß-Probe zu Satz H 7

Was aber *geschieht* da?

Hier ist eine stärkere Umformung nötig — was offenbar mit dem Frage-Charakter des Satzes zusammenhängt. Man muß „was" in „etwas" verwandeln, dann ergibt sich:

→ daß da aber etwas *geschieht*.

→ daß aber da etwas *geschieht*.

Die Stellungsregularität des Finitums wird also auch hier durchaus bestätigt.

5 A 1.11 Ergebnis

Wir können nun verallgemeinernd formulieren: Bei einer Umformungsprobe mit „*daß*" tritt das Finitum von der zweiten Stelle, die es sonst einnimmt, weg und rückt in Endstellung. Gewisse Einheiten kann man noch hinter das Finitum setzen, man kann ihnen aber immer auch vor dem Finitum einen Platz geben, so daß wir von „Endstellung des Finitums" und „Ausklammerung einzelner Einheiten" (aus der Klammer von *daß* und Finitum) sprechen können.

Wir haben damit einen zweiten festen Platz des Finitums aufgewiesen. Es ist die Endstellung, und offensichtlich ist diese gekoppelt mit dem Vorhandensein einer besonderen Einheit am Anfang des ganzen Teilsatzes. Eine kurze Überlegung und zugehörige Probe ergibt auch sofort, daß als solche, das Finitum in Endstellung verweisende Einheit nicht nur „*daß*" auftritt, sondern auch „*wenn, weil, obwohl*" usw., ferner „*die, welche*", d. h. die subordinierenden Konjunktionen und die Relativpronomen der traditionellen Grammatik. Methodisch wichtig ist: Die beobachteten Stellungen des Finitums — Zweitstellung wie

Endstellung — gehören zunächst in den Bereich der *Morphostruktur*. Ob dazu in der Nomostruktur eine genaue Entsprechung besteht, ist sehr zweifelhaft und muß hier grundsätzlich noch offen gelassen werden.

5 A 2   Finitum in Spitzenstellung

Wir gehen weiter in der Überprüfung aller Finita des Textes B, nachdem wir schon an den beiden ersten Sätzen neben der Zweitstellung die Endstellung des Finitums gefunden und entsprechende allgemein mögliche Transformationen erprobt haben.

Teilsätze B 3/13—30

Offensichtlich liegen drei Teilsätze vor:
3/13—15 ganz abgesehen davon,
3/16—22 daß sich noch keine Friedensordnung vorstellen läßt,
3/23—30 die dem Osten wie dem Westen annehmbar wäre.
Wir finden die zwei Finita *„läßt"* und *„wäre"* in Endstellung, bedingt durch einleitendes *„daß"* bzw. *„die"* (Relativ). Die Umwandlung in einfache Sätze mit Finitum in Zweitstellung bedingt einige Änderungen:

→ es läßt sich noch keine dem Osten wie dem Westen annehmbare Friedensordnung vorstellen

→ eine Friedensordnung müßte dem Osten wie dem Westen annehmbar sein.

Offensichtlich werden solche Sätze mit Finitum in Endstellung spontan nicht als Transformationen von Sätzen mit Finitum in Zweitstellung aufgefaßt, sondern sie erscheinen als originäre Möglichkeit, deren Transformation in Sätze mit Finitum in Zweitstellung recht kompliziert werden kann.

Auch hier bestätigt sich, daß Sätze dieser Form eine viel geringere Verschiebbarkeit der Einheiten aufweisen als Sätze mit Finitum in Zweitstellung.

Teilsätze B 4/1—52

Es liegen 6 finite Verben vor, in jedem der 6 Teilsätze eines:
4/ 1— 9 *Lautete* die politische Frage vor dem 21. August 1968:
4/10—24 Wie *lassen* sich die bestehenden Sicherheitsstrukturen im

Blick auf neue Friedenskonturen durchlässiger machen oder umgestalten,

4/25—31 ohne daß Sicherheit und Stabilität gefährdet *werden?*

4/32—35 so *heißt* sie heute:

4/36—42 Wie *lassen* sich Sicherheit und Stabilität wahren,

4/43—52 ohne daß der Weg für künftige politische Strukturveränderungen verbaut *wird?*

Die finiten Verben nehmen folgende Plätze ein:

zweimal den letzten, wobei der Teilsatz durch „ohne daß" eingeleitet wird;

zweimal den zweiten (wie *lassen* sich...); für die Gewinnung der Einheiten muß das fragende „wie" umgewandelt werden in ein „so" oder „auf diese Weise".

Besondere Verhältnisse zeigen Teilsatz 4/1—9 und 4/32—35.

In Teilsatz 4/1—9 steht das Finitum fest an erster Stelle; die beiden darauf folgenden Einheiten lassen sich umstellen, das Finitum nicht:

lautete { die Frage vor dem 21. 8. 1968:
{ vor dem 21. 8. 1968 die Frage:

Das Ganze läßt sich transformieren in einen wenn-Satz, ohne jede Informationsänderung (d. h. die Morphostruktur läßt sich ändern, ohne daß die Nomostruktur davon berührt wird).

Wenn { die politische Frage vor dem 21. 8. 1968 *lautete:*
{ vor dem 21. 8. 1968 die politische Frage *lautete:*

Die Erststellung des Finitums dient offensichtlich als Signal für das, was in der transformierten Form durch das „wenn" signalisiert wird.

Teilsatz 4/32—35 ist das Gegenstück zu Teilsatz 4/1—9. Wir können (wieder durch Ersatzproben) verallgemeinern:

Gilt zur Zeit A das Faktum L, so *gilt* zur Zeit B das Faktum M.

Die Reihenfolge der beiden Teilsätze ist hier fest; im ersten Teilsatz steht das Finitum am ersten Platz, im zweiten Teilsatz am zweiten, und zwar kann dann vor ihm *nur* die Einheit „so" stehen, die ggf. durch „dann" ersetzbar ist.

Verallgemeinerung, Gegenproben und insbesondere die Transformation mit „wenn" zeigen, daß wir auch hier auf eine wichtige Regularität der deutschen Verbstellung gestoßen sind. Wir haben damit die drei Möglichkeiten:

Finitum in Zweitstellung

Finitum am Ende (einzelne Einheiten noch hinten anschließbar)

Finitum am Anfang, in Spitzenstellung.

Wir setzen die Überprüfung aller Finita in Text B fort.
In Satz 7 finden wir eine sehr lange erste Einheit (16 Wörter):
„Die strategischen Dimensionen, der zunehmend emanzipatorische
Charakter der Gesellschaft sowie die ungelösten Probleme der Bundeswehr selbst *betonen* allerdings nachdrücklich die Dringlichkeit
einer konsequenten Weiterentwicklung dessen, was man Innere Führung nennt."
Verschiebeprobe wie Ersatzprobe zeigen leicht, daß auch hier regelrechte Zweitstellung des Finitums vorliegt (Allerdings *betonen* ...
Das alles *betont* ...). Der an den Schluß dieses Teilsatzes angehängte
Teilsatz (dessen, was man Innere Führung *nennt*) zeigt regelmäßige
Endstellung des Finitums; das *„was"* (oder *„dessen, was"*) dient als
Relativ.

Satz 8 besteht aus zwei Teilsätzen:
8/ 1—10 Nach dem Elan der ersten Stunde *setzte* dieser Prozeß aus,
8/11—20 ..., *sieht* man von isolierten Experimenten einzelner Kommandeure und Chefs ab.
Der erste Teilsatz zeigt Zweitstellung des Finitums, der zweite zeigt
Spitzenstellung. Wieder (wie bei Satz 4/1—9) läßt sich der Satz in
einen *„wenn"*-Satz transformieren, ja der *wenn*-Satz erscheint als
das Gebräuchliche für einen solchen Fall, und die hier gewählte
Spitzenstellung wirkt gewählt, sie setzt zum richtigen Verständnis
eine bestimmte Stimmführung voraus. Im Vergleich zu den Verhältnissen bei den Teilsätzen 4/1—9 und 4/32—35 (*lautete* die Frage damals ... so *lautet* sie heute ...) fällt auf, daß hier der *zweite* Teilsatz
die Spitzenstellung des Finitums und die Transformationsmöglichkeit
in einen *wenn*-Satz zeigt. Eine Umstellung der beiden Sätze ist möglich (→ *Sieht* man von isolierten Experimenten einzelner Kommandeure und Chefs ab, so *setzte* dieser Prozeß nach dem Elan der ersten
Stunde aus), doch nehmen manche Informanten daran Anstoß.

Satz 9 besteht aus drei Teilsätzen:
9/ 1—11 Viele Symptome, darunter die Berichte des Wehrbeauftragten, *geben* Anlaß zur Sorge, ...
9/12—19 ... daß die Grundlagen erneut in Frage gestellt *sind,*
9/20—33 ..., mit denen die Bundeswehr im Einklang mit den freiheitlichen Kräften ihren Weg *begann.*

Die Teilsätze 9/12—19 und 9/20—33 zeigen regelmäßige Endstellung des Finitums. Die Verschiebemöglichkeit im Satzinnern ist ziemlich beschränkt.

Teilsatz 9/1—11 bietet eine Schwierigkeit, indem bei Verschiebeprobe möglich ist:
Viele Symptome *geben* Anlaß zur Sorge, darunter die Berichte des Wehrbeauftragten, . . .
Eine Erweiterungsprobe ergibt, daß *vor* dem Finitum noch viel mehr hineingesteckt werden kann, als hier im Originalsatz schon drin ist:
„Viele Symptome, darunter die Berichte des Wehrbeauftragten, die diesbezüglichen Debatten im Bundestag, die Reaktionen, die sich in manchen Zeitungen feststellen ließen, *geben* Anlaß . . .“
Die gefundene Regularität „Zweitstellung des Finitums“ muß offenbar sehr flexibel gefaßt werden: Einschübe, die als solche erkennbar sind, sind nicht als besondere Verschiebe-Einheiten aufzufassen, sie gelten *zusammen* mit dem Ausdruck, an den sie sich anschließen, als *eine* erste Einheit, nach der das Finitum als regelmäßig in Zweitstellung stehend aufgefaßt wird, auch wenn diese erste Einheit nicht nur viele Wörter, sondern auch viele unterscheidbare Teilsätze aufweist.

Wir überprüfen nun aus dem Text H nur noch diejenigen Finita, deren Zweit-, End- oder Spitzenstellung nicht sofort als regulär erfaßbar erscheint.

Teilsatz 3/21—30:
Nicht einmal Rentner *interessieren* sich für die Vorgänge da vorn.
Einheit 1 ist (nicht für alle Informanten) auflösbar (bei entsprechender Stimmführung): → *Rentner* interessieren sich nicht einmal für die Vorgänge da vorn.
Noch ungewöhnlicher (noch mehr von einer besonderen Intonation abhängig) ist die Ablösung des *„nicht einmal“* in: → Theatralische Mißachtungen des Gerichts kommen *nicht einmal* mehr vor.
Offenbar liegen für Auflösung oder Nicht-Auflösung kompliziertere Bedingungen vor, und wir können ohne Rücksicht auf diese gelegentlich mögliche Auflösung alles vor dem Finitum Stehende als *eine* Einheit fassen.

Teilsatz 3/56—65:
und wenn einmal ein Angeklagter die Zeitung *liest*, *bemerkt* das der Richter gar nicht.

Der zweite Teilsatz scheint mit dem Finitum „bemerkt" zu beginnen, also mit Finitum in Spitzenstellung; eine Probe zeigt aber, daß ohne jede Informationsänderung ein „so" oder auch „dann" vor dem Finitum eingefügt werden kann: → und wenn einmal einer die Zeitung liest, so bemerkt das der Richter gar nicht.

Auch hier liegt also nicht Spitzenstellung, sondern Zweitstellung vor, und wenn kein „so" dasteht, ist der ganze erste Teilsatz als erste Einheit zu „bemerkt" zu betrachten.

Ganz ähnlich ist es in Satz 6:
Was da geschieht, erscheint so selbstverständlich.
→ Was da geschieht, das erscheint so selbstverständlich.

Ähnlich in Satz 9:
Die Motivationen für die Straftaten werden zwar keineswegs ausgeklammert, spielen aber nicht bei der Frage ‚schuldig oder nicht schuldig' eine Rolle...
Man kann verdeutlichen: sie werden nicht ausgeklammert, sie spielen aber... Wenn das „sie" nicht gesetzt ist, wird aus dem vorhergehenden Teilsatz die Einheit „die Motivationen für die Straftaten" auch als Einheit I für den zweiten Teilsatz betrachtet.

Ein ganzer Teilsatz erscheint als erste Einheit für den folgenden Teilsatz, (kein „so" einfügbar) in Satz 11/1—16:
Indem sie gegen den Willen des Hausherrn eingedrungen sind, haben sie sich des Hausfriedensbruchs schuldig gemacht.
Ersatz für den ersten Teilsatz: Durch ihr Eindringen gegen den Willen des Hausherrn.

Schließlich ein Beleg für Nachstellung einer Einheit, ohne daß die Endstellung des Finitums grundsätzlich verloren geht:
Teilsatz 10/24—31
(die Justiz kann jede Motivation dadurch wegabstrahieren),
daß   sie diese Aktionen reduziert auf die Fragen:...
daß   sie diese Aktionen auf die Frage reduziert:...

5 A 4   Terminologisches zu den Stellungstypen

Die drei beschriebenen Stellungstypen des Finitums werden oft als „Hauptsatzstellung, Nebensatzstellung, Fragesatzstellung" benannt (vgl. Bierwisch, oben S. 21 „Frage- und Befehlssatz, Aussagesatz, Nebensatz"). Aus der vorgeführten Analyse an zwei zufällig herausgegriffenen Texten ist wohl zur Genüge klar geworden, daß solche Benennungen viel zu weit gehen und eine kategoriale Einheitlichkeit und Festgelegtheit vortäuschen, die diesen Stellungstypen als solchen gar nicht zukommt. Wir verzichten daher bewußt auf solche Identifizierungen und sprechen möglichst neutral von „F-Zweitstellung, F-Endstellung, F-Spitzenstellung", denn man sieht sofort, daß viele Fragesätze die F-Zweitstellung haben (*Was geschieht da?*), daß manche Nebensätze die F-Spitzenstellung haben (*..., sieht man einmal von diesen Dingen ab*) oder auch die F-Zweitstellung (*er tut, als wäre er ganz sicher*). Der *kategoriale* Wert von Teilsätzen muß vom *Stellungstyp des Finitums* sauber getrennt werden. In dem S. 56—60 aufgestellten Schichtenmodell gesehen: Die Stellungstypen des Finitums gehören in die *Morphostruktur,* die Begriffe „Aussage, Frage, Befehl", gehören dagegen eher in die *Nomostruktur,* und für die Begriffe „Hauptsatz, Nebensatz" können wir eine begründete Zuweisung noch nicht vornehmen.

Aufgaben zu 5

5 B 1 Überprüfen der vorgeführten Beispiel-Analysen

Überprüfen Sie einige der Verschiebeproben an Hand der Reaktionen auch anderer Informanten (z. B. S. 70 unten, 71 unten).

5 B 2 Erproben an weiterem gegebenem Text

Überprüfen Sie die Stichhaltigkeit der Analyse und die Anwendbarkeit der gewonnenen Begriffe an folgenden Abschnitten (aus den Artikeln von Baudissin bzw. Handke, vgl. S. 29—31, Bezifferung der Sätze hier mit 10 ff. bzw. 13 ff.).

5 B 2.1 Baudissin

(10) Wer diesen[2] Gedankengängen nicht[4] zu folgen[6] vermag, steht[8] den Sicherheitsbedingungen[10] der siebziger[12] Jahre verständnislos[14] gegenüber. (11) Die Rüstung[2] wird in[4] Zukunft militärischen[6] Forderungen, die[8] auf längere[10] Kriegsführung zugeschnitten[12] sind, noch[14] weniger entsprechen[16] als bisher[18]. (12) Um jede[2] unnötige Eskalation[4] zu vermeiden[6], muß die[8] Abwehr begrenzter[10] „Explosionen" ganz[12] im Zeichen[14] politischer Erwä-

gungen[16] stehen, die[18] der militärischen[20] Führung bisher[22] unbekannte Fesseln[24] anlegen. (13) Ein Soldat[2], der diese[4] Notwendigkeiten nicht[6] einsieht, wird[8] sich verlassen[10] und frustriert[12] fühlen. (14) Er sucht[2] im Zweifelsfall[4] nach Ersatzaufträgen[6]; sei es[8] als „Ordnungsfaktor"[10] nach innen[12], womit er[14] schnell nach[16] Rechtsaußen gerät[18]; sei es[20] als Kalter[22] Krieger, womit[24] er der[26] Entspannung entgegensteht[28] und die[30] Orthodoxen von[32] drüben bestätigt[34].   „Zeit" vom 14. November 1969

5 B 2.2 Handke

So kommt[2] es, daß[4] die Tatsachen[6], wenn sie[8] später, bei[10] den Fragen[12] „Recht oder[14] Unrecht" und[16] „schuldig oder[18] unschuldig" beurteilt[20] werden sollen[22], gar nicht[24] mehr beurteilt[26] zu werden[28] brauchen, weil[30] sie schon[32] vorher derart[34] beschrieben wurden[36], daß sie[38] die Urteile[40] vorwegnehmen: sie[42] selber sind[44] schon die[46] Urteile. (14) Die Justiz[2] geht selbst[4] bei den[6] Tatsachenfeststellungen mit[8] verdeckt normativen[10] Begriffen vor[12], gibt diese[14] aber als[16] Tatsachenbezeichnungen aus[18].

„Zeit" vom 14. November 1969

5 B 3   Überprüfen an zufällig begegnenden Texten

Greifen Sie selber auf Zufall hin aus Ihrer täglichen Lektüre einzelne Sätze oder kurze Texte heraus und überprüfen Sie daran die hier gegebene Analyse.

5 B 4   Aus der Forschungsliteratur zur Stellung des Finitums

Diskutieren Sie folgende Texte aus der Forschungsliteratur:

5 B 4.1

Und nun gestalten sich die Verhältnisse im Nebensatz außerordentlich interessant. Nehmen wir einmal an, die Wortstellung bliebe dieselbe wie im Hauptsatz. Wir wissen, daß der Satz eine Spannungseinheit bildet. Demnach wäre auch im Nebensatz diese Spannungseinheit vorhanden; sie stünde als selbständiges Gebilde hinter ihrer Konjunktion; „Nachdem — ich hatte das Buch gekauft — ging ich nach Haus". Bei Beibehaltung der Wortfolge im Hauptsatz würde ein in sich (relativ) abgeschlossener und sich selbst genügender Teil in den Satz eingesprengt sein, der seine eigene Spannung in sich trägt und in sich löst und damit spannungsfrei im größeren Verbande stände. Diese Form wäre aber im Widerspruch zu dem Prinzip, die Spannung bis zur letzten Möglichkeit aufrechtzuerhalten und sie erst am Ende aufzuheben. Auf alle Fälle muß der Spannungsbruch vermieden werden, der durch eine selbständige Spannungseinheit, wie sie ein

Gliedsatz mit Hauptsatzwortfolge darstellt, einträte. Und da geschieht das Wunder, daß eine Möglichkeit ergriffen wird, die mit einem einzigen Griff den gesamten Organismus des Gliedsatzes so in den Hauptsatz einbezieht, daß auch kein Rest von einer Unterbrechung der Spannung bleibt. Es findet eine Sprengung statt, und zwar die Sprengung der im Hauptsatz im allgemeinen nicht angetasteten Einheit von Subjekt und Prädikat, des ‚Satzkerns': Das Prädikat (Finitum) rückt ans Ende des Gliedsatzes.

K. Boost, Neue Untersuchungen zum Wesen und zur Struktur des deutschen Satzes, Der Satz als Spannungsfeld, 1955, geschrieben in den vierziger Jahren, S. 58.

5 B 4.2

Beim freien Sprechen treten gelegentlich scheinbar andere Satzteile an das Ende des Gliedsatzes. Es sieht dann so aus, als sei der Gliedsatzplan durchbrochen. *Als wir vor der Hütte ankamen, mit Schneeschuhen und Lebensmitteln, war die Türe verschneit.* Eine ebensolche Abfolge findet sich auch oft im Hauptsatz: *Ich will dich froh machen und jung.* Wieder ist es nur das lesende Auge, das hier eine Ausnahme zu sehen vermeint. Denkfunktional sind das Nachträge: erst wird der Denkschritt A getan, und während er bereits abläuft, taucht noch das Bedürfnis auf, ihm eine Ergänzung B nachzuschieben. Die deutlich hörbare Fuge hinter *ankamen* und *machen* zeigt dieses Nacheinander; vernünftigerweise müßte hinter diesen Wörtern ein Komma stehen. Besonders oft wird dieser Nachtrag verwandt, wenn ein Neues berichtender Relativsatz B an ein Wort innerhalb A anknüpft: *Er tat es nicht, weil er einen Brief bekommen hatte von seiner Mutter, die ihm davon abriet.*

So verfährt nicht nur das lässige Alltagsprechen, sondern auch gehobene, insbesondere rednerische Prosa: die laufende Gedankenerzeugung führt erst den Schritt A zu Ende und spart ein bereits bei A miterdachtes Stück auf, um daraus den Schritt B zu entwickeln.

E. Drach, Grundgedanken der deutschen Satzlehre, [1]1937, 1963, S. 33.

5 B 5 Besondere stilistische Wirkungen

Diskutieren Sie die Stellung des Finitums in:

> Sah ein Knab ein Röslein stehn,
> Röslein auf der Heiden,
> War so jung und morgenschön,
> Lief er schnell, es nah zu sehn,
> Sah's mit vielen Freuden.
> Röslein, Röslein, Röslein rot,
> Röslein auf der Heiden.

Goethe, 1771, gedruckt 1789

„Laß schon", sagte er. Sie zog sich in die Küche zurück. Er blieb in der Nähe der Tür stehen. Dann hörte er, wie sie nach wenigen Minuten die Küche verließ und mit einem Schlüsselbund in den Keller ging. Blitzschnell zog er ein Notizbuch aus der Tasche, löste eine Seite daraus ab, schrieb ein paar Zeilen hin, schlug sich an den Kopf: „Sie kann ja nicht lesen!" Er wollte das Blatt zerreißen, legte es wieder auf den Tisch. „Wird der Pastor —" murmelte er. Nahm Stock, Hut und Tasche. Machte sich fertig und stand so in der Mitte der niedrigen Stube. Ziemlich schief, etwas gebückt. Seine schwarzen melancholischen Augen schauten rund herum, schauten alles an, blieben an dem Photographiechen hängen.

Frank Thieß, Die Verdammten, Berlin 1931, S. 429

6 Infinitformen und Verbzusätze

6 A 1 Aufgabenstellung

Schon bei der Gewinnung der Einheit „Finitum" fielen uns zwei sehr häufige und sehr reguläre Transformationen auf:

— die Transformation von Finitum in Infinitiv und umgekehrt
— die Transformation: Man *schaut* ihm *zu* ←→ *w e n n* man ihm *zuschaut.*

Wir stellen nun die diesbezüglichen Aussagen der traditionellen Grammatik zusammen und prüfen sie.

6 A 2 Infinitiv und Partizipien

Die traditionelle Grammatik kennt drei „Nominalformen" des Verbs:

— Infinitiv	*gehen*	(Verb als Substantiv)
— Partizip Präsens („Partizip I")	*gehend* ⎫	(Verb als Adjektiv)
— Partizip Perfekt („Partizip II")	*gegangen* ⎭	

Schon eine kurze Probe ergibt, daß damit eine wichtige Regularität des Deutschen getroffen ist. Man kann nämlich diese drei Formen von *jedem* Verb bilden, mit ziemlich klar vorhersagbarem Informationsgehalt, während alle anderen Möglichkeiten (z. B. mit „*-bar, -lich*") nicht für alle Verben bestehen.

trinken	—	*trinkend*	—	*getrunken*	—	*trinkbar*
vergehen	—	*vergehend*	—	*vergangen*	—	*vergänglich*
gelingen	—	*gelingend*	—·	*gelungen*	—	?
regnen	—	*regnend*	—	*geregnet*	—	? *(regnerisch?)*
sein	—	*seiend*	—	*gewesen*	—	?
haben	—	*habend*	—	*gehabt*	—	?

Eine Form wie „*habend*" ist zwar etwas auffällig, aber sie kommt durchaus vor, sie ist jedenfalls viel wahrscheinlicher als etwa „*habbar*"; (eine Bildung wie „*hablich*", schweizerdt. für „*vermögend*" kommt nicht in Betracht, weil dabei eine singuläre, nicht vorhersagbare Informationsänderung eintritt).

Auf den Zusammenhang mit den Wortarten (Infinitiv als Substantiv, Partizipien als Adjektive) gehen wir noch nicht ein, weil wir die

Begriffe „Substantiv" und „Adjektiv" noch nicht geprüft haben. Wir setzen vielmehr wieder unmittelbar am Text an, wobei wir die schon gefundene Gliederung der Sätze in kleinere Einheiten (durch die Verschiebeprobe und Ersatzprobe) stets im Auge behalten.

Um zugleich ein Bild der Vorkommenshäufigkeit zu erhalten, folgen wir streng dem Text und setzen jeden Beleg auf eine neue Zeile.

Sätze von Text B

Inf	Part. perf.	Part. präs.		Stellungs-festigkeit
	x		2/8 *entstanden* als Schutz gegen den kriegerischen Austrag bestehender Spannungen	keine (auch Mittel- oder Endstellung möglich)
		x	2/15 Austrag *bestehender* Spannungen	nur Teil mehrworti- ger Einheit
x	x		2/26—27 daß die Sicherheitssysteme nicht als Vorstufen *angesehen werden* können (sie können nicht als ... angesehen werden) (sie werden nicht als ... angesehen)	Streben nach End- stellung wie Finitum; Aus- klammerung möglich
		x	3/14 ganz *abgesehen* davon	Zweit- oder Endstellung
x			3/21 daß sich noch keine Friedens- ordnung *vorstellen* läßt (sie läßt sich noch nicht *vorstellen*)	Streben nach Endstellung
		x	4/14 die *bestehenden* Strukturen	wie 2/15
x			4/22+24 wie lassen sich die beste- henden Sicherheitsstrukturen im Blick auf neue Friedenskonturen durchläs- siger *machen* und *umgestalten* (wie sich ... durchlässiger *machen* und *umgestalten* lassen)	Endstellung (wenn Finitum dazu, dann Vor- Endstellung) + Ausklammerung
	x		4/31 ohne daß Sicherheit und Stabili- tät *gefährdet* werden (sie werden sonst *gefährdet*)	Vor-Endstellung
	x		4/51 ohne daß der Weg für ... *ver- baut* wird (sonst wird der Weg ... *verbaut*)	Vor-Endstellung

x			4/42 wie lassen sich Sicherheit und Stabilität *wahren* (wie sich S. und St. *wahren* lassen)	Endstellung
		x	7/5 der *zunehmend* emanzipatorische Charakter	nur Teil mehrwortiger Einheit
			[7/12 „die *ungelösten* Probleme" gehört nicht hierher, weil es keinen Infinitiv „unlösen" gibt, sondern nur „nicht lösen"]	
	x		8/14 *isolierte* Experiment	nur Teil mehrwortiger Einheit
			[9/7 „des *Wehrbeauftragten*" gehört nicht hierher, weil es keinen Infinitiv „wehrbeauftragen" gibt]	
	x		9/18 daß die Grundlagen erneut in Frage *gestellt* sind (sie sind erneut in Frage *gestellt*)	Vor-Endstellung
	x		8/18 (nichts anderes als) daß in den Gerichtssälen die Vorgänge ... systematisch auf Straftatbestände *reduziert* werden (sie werden systematisch *reduziert*)	Vor-Endstellung + Ausklammerung
	x		9/9 Die Motivationen für ... werden zwar keineswegs *ausgeklammert* (daß sie nicht *ausgeklammert* werden)	Endstellung
x			10/23 die Justiz kann jede Motivation ... *wegabstrahieren* (weil sie ... *wegabstrahieren* kann)	Endstellung + Ausklammerung
	x		10/34 was ist *geschehen*? (wissen, was *geschehen* ist)	Endstellung
	x		11/8 indem sie gegen den Willen des Hausherrn *eingedrungen* sind (sie sind gegen ... *eingedrungen*)	Vor-Endstellung + Ausklammerung
	x		11/16 haben sie sich des Hausfriedensbruchs schuldig *gemacht* (daß sie sich schuldig *gemacht* haben)	Endstellung
	x		12/4 Warum es aber *geschehen* ist (vgl. 10/34)	Vor-Endstellung

X		12/12+16 (Das interessiert nur) um die Schuld *festzustellen* und zu *vergrößern* (weil man die Schuld *festzustellen* und zu *vergrößern* sucht)	End- bzw. Vor-Endstellung

Der Befund läßt sich aus der Analysetabelle unmittelbar ablesen. Er lautet:

Am häufigsten ist hier das *Partizip II* oder Partizip Perfekt. Es kommt sowohl als eigene Einheit vor wie als Bestandteil mehrwortiger nichtverbaler Einheiten. Wenn es als einwortige Einheit auftritt, beansprucht es meist Endstellung; wird die Endstellung vom Finitum beansprucht, so rückt das Partizip in Vor-Endstellung; wird auch von einem Infinitiv Endstellung beansprucht, so rückt das Partizip an die drittletzte Stelle:

das wird nicht als Vorstufe *angesehen*

weil das nicht als Vorstufe *angesehen wird*

weil das nicht als Vorstufe *angesehen werden kann*

Das *Partizip I* (Partizip Präsens) kommt am seltensten vor, in unseren Texten nur als Bestandteil mehrwortiger Einheiten. Bei ihm kann daher auch nicht von einer Platzfestigkeit im Satz gesprochen werden.

Die Benennungen „*Partizip II*" und „*Partizip I*" sind vorzuziehen; der Namensbestandteil „Präsens" bzw. „Perfekt" kann stören, da beide Partizipien an sich *keine* besondere Beziehung zu einem Tempus haben (z. B. „Die Vorgänge werden *reduziert*" = Präsens).

Der *Infinitiv* kommt in unseren Texten nur als eigene Einheit vor und hat dieselben Ansprüche an den Endplatz wie das Partizip, und wie dieses wird er, wenn ein Finitum an den Endplatz gesetzt werden soll, auf den vorletzten Platz gerückt. In Gegenprobe kann man auch Beispiele konstruieren, in denen er als Teil mehrwortiger Einheiten auftritt, auch ohne Großschreibung (das ihn *kommen* sehende Kind). Mit Großschreibung ist das sehr häufig (das *Lachen* des Kindes).

Weitere Proben zeigen, daß in einfachen Sätzen Infinitiv wie Partizip nicht nur in Endstellung, sondern auch in Spitzenstellung erscheinen können:

Er wollte schon viel früher *kommen* —

Kommen wollte er schon viel früher.

Er hat nicht *gewartet* —

gewartet hat er nicht.

79

Dabei zeigen sich alle Freiheiten der Besetzung des ersten Platzes, die wir oben schon fanden. Man vergleiche:

Er wollte nicht auf mich *warten*
Warten wollte er nicht auf mich
Auf mich *warten* wollte er nicht.

Dann zeigen besondere Proben, daß der Anspruch auf End- oder Vor-End-Platz nicht davon abhängt, ob Infinitiv oder Partizip vorliegt; entscheidend ist die Frage: was läßt sich bei Transformation zuerst wieder in das Finitum einbeziehen?

Das dürfte nicht *akzeptiert worden sein*
Das ist nicht *akzeptiert worden*
Das wurde nicht *akzeptiert*

dagegen:

Das habe ich *kommen sehen* (sehen = gesehen)
Das sah ich *kommen*
weil A den B nicht *reden lassen* wollte
weil A den B nicht *reden ließ.*

Insgesamt entsprechen sich die Platzfestigkeit von Infinitiv und Partizip und diejenige des Finitums in Endstellung; bei beiden ist Ausklammerung gewisser Einheiten möglich (in der Tabelle durch „+ Auskl." markiert) und die ausgeklammerte Einheit tritt dann hinter Partizip/Infinitiv *und* Finitum:

daß man die Vorgänge systematisch auf Straftatbestände *reduziert*
daß man die Vorgänge systematisch *reduziert* auf Straftatbestände
daß sie systematisch auf Straftatbestände *reduziert werden.*
daß sie systematisch *reduziert werden* auf Straftatbestände.

6 A 3   Infinitformen als verbale Teile

Die beschriebene Stellungsfestigkeit und der enge Zusammenhang mit dem finiten Verb, der sich bei den Transformationen zeigt, veranlassen uns nun, für das Finitum und für Infinitiv und Partizip II mit diesen Eigenschaften einen besonderen Begriff einzuführen. Wir sprechen von den v e r b a l e n T e i l e n im Satz. Es gibt also Infinitformen als verbale Teile und Infinitformen als nichtverbale Einheiten oder in nichtverbalen Einheiten. Die Abgrenzung ist u. U. nicht ganz leicht; Verfahren dafür werden später angegeben (wenn wir die nichtverbalen Einheiten im Satz betrachten). Die Infinitformen als verbale

Teile sind ausgezeichnet durch ihre enge Gefügebildung mit den finiten Formen. Von verbalen Teilen sprechen wir auch bei Partizip und Infinitiv ohne finite Form (Alle mal *hersehen!* Still *gestanden* jetzt!)

6 A 4 Verbzusätze

Grundsätzlich gleich wie die Infinitformen als verbale Teile reagieren diejenigen Einheiten, die z. T. mit dem Finitum zusammengeschrieben, z. T. von ihm getrennt auftreten:

Etwas läßt sich *vorstellen.*
Man *stellt* es sich *vor.*
Andere haben es sich anders *vorgestellt.*

Die Tätigkeit *setzte* öfters *aus*
Sie sollte nicht *aussetzen*
Wenn sie nur nicht *aussetzt!*
Sie hat nun nicht mehr *ausgesetzt.*

Man *sieht* oft davon *ab.*
Man *sieht* oft *ab* davon.
Sieht man davon *ab,* so ...
Man sollte nicht davon *absehen.*
Man sollte nicht *absehen* davon.
Weil man nicht *absehen sollte* davon.

So etwas *kommt* eben *vor.*
So etwas kann eben *vorkommen.*
So etwas ist schon oft *vorgekommen.*

Die bei F-Zweitstellung und F-Spitzenstellung vorkommenden Stücke „*vor, aus, ab*" usw. sind offenbar selber keine Verben, sondern Wörter anderer Art (Beleg: keine regulären Transformationen wie bei den Verben); doch werden sie eng mit dem Verb verknüpft und daher in gewissen Stellungen mit ihnen zu *einem* Wort zusammengeschrieben.

Die traditionelle Grammatik spricht in solchen Fällen von „trennbaren Verben". Die Bezeichnung „trennbar" geht vom Wörterbuch aus, wo solche Verben im Infinitiv erscheinen, als geschlossene Wörter. Eine Benennung, die an die Entstehung, die Bildungsweise solcher Verben erinnert, wäre etwa „zusammengeschriebene Verben".

Für den mit dem Verb zusammengeschriebenen, nicht an sich verbalen Teil (*„vor, aus, zu, ein, aus"* usw. in solchem Gebrauch) hat sich der Terminus V e r b z u s a t z eingebürgert (erstmals vorgeschlagen von Glinz 1952). Eine vertiefte Fassung des Begriffs, die sich nicht nur auf die Zusammenschreibung stützt, sondern auf Befunde der Satzgliedanalyse, wird sich später ergeben.

6 A 5   Gesamtsicht auf die Stellung der verbalen Teile im Satz

6 A 5.1   *Typen von verbalen Teilen (Zusammenstellung)*

Wir haben also insgesamt drei Typen von verbalen Teilen im Satz festgestellt:

— das *Finitum* (auch *Personalform* genannt, weil in Kombination mit *„du, ich"* oft anders lautend als in Kombination mit *„er, jemand, etwas"*)
— die *infiniten Teile*, d. h. Infinitiv und Partizip in verbalem Gebrauch (mit Stellungsfestigkeit)
— die *Verbzusätze* (= „trennbare Bestandteile von Verben, die bei F-Zweit- oder Spitzenstellung ans Satzende treten").

Vom topologischen Gesichtspunkt aus (im Blick auf die Stellungsregularitäten) können wir infinite Teile und Verbzusätze als Unterklassen *einer* Kategorie betrachten, während sie vom transformationalen Gesichtspunkt aus (und damit in ihrem grammatisch-kategorialen Wert) verschieden bleiben. Der Beweis für die Verschiedenheit ergibt sich leicht aus Proben wie den folgenden:

Ich gehe *schlafen*   →   ich *schlafe* bald
ich gehe *weg*   →   „*ich *wege* bald"

6 A 5.2   *Gefügebildung, Stellungen*

Alle drei verbalen Teile können nun in verschiedenartiger Weise zu Gefügen zusammentreten. Wir betrachten diese Gefüge zunächst vom topologischen Gesichtspunkt aus, dann werfen wir einen Blick auf die mit ihnen verbundenen semantischen Probleme (d. h. die Nomostruktur). Wir finden nun folgende Ablaufsordnungen (hier demonstriert mit den folgenden 6 nichtverbalen Einheiten: Zur Zeit = x 1, der A = x 2, den B/mit B = x 3, zwecks Handlung C = x 4, ohne Wissen von D = x 5, am Orte E = x 6 (Ausklammerungsmöglichkeiten noch nicht inbegriffen).

x 1 *trifft* x 2 x 3 x 4 x 5 x 6.

x 1	*will*	„	„	„	„	„	*treffen.*
„	*hat*	„	„	„	„	„	*getroffen.*
„	*trifft*	„	„	„	„	„	*zusammen.*
„	*will*	„	„	„	„	„	*zusammentreffen.*
„	*ist*	„	„	„	„	„	*zusammengetroffen.*
„	*soll*	„	„	„	„	„	*zusammentreffen wollen.*
„	*hatte*	„	„	„	„	„	*zusammentreffen wollen.*

(„*wollen*" ist hier Partizip, trotz anderer Phonomorphie;
Beweis: h a t *tun wollen* → w o l l t e *es tun* → h a t *es* g e -
w o l l t")

„	*soll*	„	„	„	„	„	*zusammengetroffen sein.*
„	*soll*	„	„	„	„	„	*angetroffen worden sein.*

Die Komplexität solcher Gefüge ist offensichtlich nicht grundsätzlich beschränkt, sondern nur praktisch; die Folge der Formen im infiniten Teil ist nicht von der absoluten Qualität der Formen bestimmt
(etwa: „Infinitiv immer vor Partizip" oder „Infinitiv immer nach Partizip"), sondern von der Enge der Beziehung zum Finitum (die sich
wiederum durch Transformationen objektiv feststellen läßt, vgl. oben
S. 80). Auch der Verbzusatz, der meistens am weitesten von der End-
stelle weggerückt wird, kann *nach* einer Infinitform auftreten, wenn
wir die Gefüge mit „*zu*" einbeziehen:

Er fing *an* zu arbeiten. → Er fing zu arbeiten *an.*
Er hatte *angefangen* zu arbeiten. → Er hatte zu arbeiten *ange-*
fangen.

Zu all den hier aufgewiesenen Möglichkeiten kommt noch, daß der
infinite Teil, allein oder mit anderen Einheiten zusammen, gelegentlich auch an erster Stelle auftreten kann, *vor* dem Finitum; das kommt,
vor allem in affektiver Sprechweise, auch bei recht kompliziertem infinitem Teil vor:

Mit dem XY zusammengetroffen *ist* er!
„Mit d e m zusammengetroffen sein *soll* er!"

Die hier möglichen Kombinationen lassen sich offensichtlich nur
sehr schwer in durchlaufende Regularitäten fassen, und wir begnügen uns daher damit, daß wir einen Weg gefunden haben, die in Wirklichkeit auftretenden Kombinationen überhaupt zu durchschauen.
Wenn man noch alle Möglichkeiten der Verschiebung der nichtverbalen Einheiten einbezieht (vgl. oben S. 34—39) und alle Möglichkeiten

der Ausklammerung, kann man abschätzen, mit wievielen als üblich zu anerkennenden Anordnungen wir rechnen müssen.

6 A 5.4   F-Endstellung

Hier gilt grundsätzlich das gleiche wie für F-Zweitstellung, nur das Finitum verhält sich anders. Es tritt ebenfalls ans Satzende, und zwar bei einfachem infinitem Teil *ganz* ans Ende, bei komplexem infinitem Teil auch *vor* den ganzen infiniten Komplex:

daß	x 1	x 2	x 3	x 4	x 5	x 6	*trifft.*
„	„	„	„	„	„	„	treffen *will.*
„	„	„	„	„	„	„	getroffen *hat.*
„	„	„	„	„	„	„	zusammentreffen *will.*
„	„	„	„	„	„	„	zusammengetroffen *ist.*
„	„	„	„	„	„	„	zusammentreffen wollen *soll.* (?)
„	„	„	„	„	„	„	*hatte* zusammentreffen wollen.
„	„	„	„	„	„	„	zusammengetroffen sein *soll.*
„	„	„	„	„	„	„	angetroffen worden sein *soll.*
„	„	„	„	„	„	„	*soll* angetroffen worden sein. (?)

Die Voranstellung des Finitums vor den infiniten Teil ist häufig, wenn im infiniten Teil ein Partizip mit reduzierter Phonomorphie auftritt (das dann oft bei der Analyse mit dem Infinitiv verwechselt wird):

daß ich das kommen gesehen *habe,*
„ „ „ kommen sehen *habe,* } brauche ich nicht zu wiederholen.
„ „ „ *habe* kommen sehen,

Strenge Regularitäten bestehen aber auch hier nicht, obwohl die Voranstellung des Finitums in solchen Fällen als korrekter gilt. Schon in Kapitel 5 hat sich gezeigt (vgl. oben S. 67), daß bei F-Endstellung die Verschiebbarkeit der nichtverbalen Einheiten meist geringer ist. Die Ausklammerung ist aber ebenso möglich, und die ausgeklammerte Einheit tritt dann hinter den *gesamten* verbalen Ausdruck, also hinter Infinitteil und Finitum.

Insgesamt kann man die F-Endstellung als die „regulärste" bezeichnen, weil hier alle verbalen Teile an *einer* Stelle im Satz konzentriert sind und sich die Stellung der nichtverbalen Einheiten so darbietet, wie sie auch beim Infinitiv auftritt:

Zur Zeit h / mit B / zwecks Handlung C /ohne Wissen des D /
in E / *zusammentreffen.*

Die F-Endstellung dient daher bei manchen Transformationsgrammatikern als Ausgangspunkt, und die F-Zweitstellung wird erst von der F-Endstellung aus erzeugt. Der Verfasser dieses Bandes sieht den gegebenen Ausgangspunkt für *alle* Erzeugung von Sätzen in einer noch elementareren Schicht, nämlich in den verbalen Wortketten, in denen das Verb im Infinitiv erscheint und das Subjekt aus der Kette herausfällt.

6 A 5.5   F-Spitzenstellung

Diese Stellung, Finitum als erstes Stück, wird oft am Fragesatz exemplifiziert. Man sollte das aber nicht tun, weil sonst leicht der Eindruck entsteht, diese Verbstellung sei besonders eng mit der Frage verknüpft — und das trifft bekanntlich nicht zu. Wir wählen daher als neutralstes Beispiel diejenige Spitzenstellung des Finitums, die ohne Informationsänderung in einen wenn-Satz transformiert werden kann (gemäß unserem Vorwissen: die einen uneingeleiteten Konditionalsatz darstellt), vgl. oben S. 67—69. Es ist nämlich durchaus möglich:

Trifft zur Zeit h der A mit dem B zwecks Handlung C ohne Wissen von D im Orte E *zusammen,* (so bedeutet das) . . .

Sollte x1 x2 x3 x4 x5 x6 *angetroffen worden sein,* . . . (so müssen wir . . .)

Der infinite Teil bleibt geschlossen am Satzende. Vor dem Finitum an der Spitze sind nur Einheiten eines besonderen Typs möglich (*und* sollte er . . . , *oder* sollte er . . .). Ausklammerung hinter dem infiniten Teil ist wie bei F-Zweitstellung möglich.

6 A 6   Verbalgefüge mit vorhersagbarem und mit nicht vorhersagbarem semantischem Wert

Wenn wir nun die gesamten Verbalgefüge vom semantischen Gesichtspunkt aus betrachten, erkennen wir eine sehr wichtige Verschiedenheit:

a) es gibt Gefüge, bei denen man bei Kenntnis des Gefügetyps und der beteiligten Einzelwörter *vorhersagen* kann, welchen semantischen Wert das Gefüge haben wird;

b) es gibt Gefüge, wo trotz genauer Kenntnis des Gefügetyps und der beteiligten Einzelwörter der semantische Wert des Gefüges nicht vorhersagbar ist (wenn er auch u. U. erraten werden kann).

Der Fall b) trifft zu für die meisten Gefüge mit Verbzusatz:

gehen + aus   hat zwei verschiedene semantische Werte; sie lassen sich aus der Kenntnis von „*gehen*" und „*aus*" (=*hinaus*) zwar erraten, aber keineswegs mit Sicherheit konstruieren:

man *geht* abends *aus* = geht in die Stadt, in ein Lokal

das Geld *geht aus* = man hat immer weniger Geld und bald nichts mehr

treffen + zu: „*es trifft zu*" = „es stimmt", „es ist richtig" ist nicht eindeutig ableitbar aus einem allgemeinen semantischen Wert von „*treffen*" („jemanden treffen, etwas treffen, das trifft") und entsprechenden semantischen Werten von „*zu*".

zugehen — aufgehen ist eine klare Opposition für „Türe, Fenster" usw.; dazu gehören ferner „(die Türe, das Fenster) *zumachen — aufmachen, zuschließen — aufschließen*". Aber in dem nach gleichem Gefügetyp gebildeten Paar „*zutreffen — auftreffen*" haben wir keine solche Opposition, sondern zwei völlig verschiedene Wörter, die kaum im gleichen Satzzusammenhang gebraucht werden können: *zutreffen* kann eine Behauptung, eine Feststellung, ein Urteil; *auftreffen* kann eine Kugel, ein Ball, irgend etwas Geworfenes.

Ferner ist das „*aufgehen*" für „die Sonne" kein Pendant zu einem „*zugehen*"; „auf jemand *zugehen*" ist wieder etwas anderes. Wir treffen hier offenbar auf sehr komplizierte Verhältnisse, wo wir von ziemlich leichter Erratbarkeit bis zu völliger Nichterratbarkeit alle Zwischenstufen vor uns haben können. Traditionell gesprochen: wir haben besonders viele „mehrdeutige Wörter". Wir kommen also hier aus dem Bereich der durchlaufenden Regularitäten, der Grammatik, in den Bereich der Wortbildung mit all ihren Unregelmäßigkeiten.

In den Begriffen des Schichtenmodells (s. S. 56—59) ausgedrückt: Morphostruktur und Nomostruktur gehen hier besonders weit auseinander. Ein Gefüge von zwei Einheiten der Morphostruktur, die unter gewissen Bedingungen zu einer einzigen Einheit zusammentreten, unter anderen Bedingungen weit voneinander getrennt sind, dient (als ganzes Gefüge) als Träger *verschiedener*, z. T. gar nicht miteinander in Beziehung zu bringender Einheiten der Nomostruktur. Wir gehen daher hier nicht weiter, sondern wenden uns zu denjenigen

Verbalgefügen, deren semantischer Wert aus der Kenntnis des Gefügetyps und der beteiligten Einzelwörter einwandfrei vorhersagbar ist.

Auch hier ließen sich zunächst einige Gefüge mit Verbzusatz nennen: „fort / weg / heim + fahren / gehen / laufen / eilen / rennen" u. ä. Die Vorhersagbarkeit gilt aber nur gerade für solche beschränkte Gruppen.

Allgemeine Vorhersagbarkeit finden wir dagegen bei den allermeisten Gefügen von Finitum und infinitem Teil (auch mit mehreren Infinitiven und Partizipien):

Er *will* gehen / kommen / arbeiten / schlafen / x—en
Sie *sollen* das annehmen / zufrieden sein / keinen Einspruch erheben / mit y intensiv x—en usw.

Der Gefügetyp „sollen + Infinitiv" ist freilich zweideutig:

sie *sollen* morgen da sein
$\Big\{$
sie *müssen* morgen da sein, es wird *verlangt*
sie *werden vermutlich* morgen da sein, es wird *angenommen.*

Diese Doppeldeutigkeit liegt aber im Gefügetyp selber, sie hängt *nicht* von dem als Infinitiv gewählten Verb ab (obwohl durch dieses Verb die eine Deutung unwahrscheinlich werden, ja ausgeschlossen sein kann). Diese Gefüge mit vorhersagbarem semantischem Wert (vorhersagbar aus Gefügetyp und darin eingesetzten Infinitiven und / oder Partizipien) lassen sich nun für das Deutsche als verhältnismäßig klares System beschreiben, klar mindestens in den zentralen Bereichen, während sich an den Rändern Übergänge zeigen, bis hin zu ziemlich spezieller Wortbildung. Die Beschreibung des zentralen Systembereiches ist der Gegenstand der folgenden Kapitel.

Aufgaben zu 6

6 B 1 Bestimmen der Infinitformen in gegebenen Texten

Bestimmen Sie in folgenden Texten alle Infinitformen; beurteilen Sie die Häufigkeit; stellen Sie fest, welche von diesen Infinitformen als infinite Teile dienen und welche nicht.

(1) Seidem im[2] Jahre 1959[4] C. P.[6] Snow ein[8] Buch mit[10] dem Titel[12] *the two*[14] *Cultures* erscheinen[16] ließ, hat[18] von neuem[20], und nicht[22] nur in[24] England, eine[26] Diskussion über[28] das Verhältnis[30] von Wissenschaft[32] und Literatur[34] eingesetzt. (2) Wissenschaft ist[2] dabei im[4] Sinne von[6] *Science* eingeschränkt[8] auf die[10] strikten Erfahrungswissenschaften[12], während Literatur[14] weit gefaßt[16] ist und[18] in gewissem[20] Sinne auch[22] das einschließt[24], was wir[26] geisteswissenschaftliche Interpretation[28] nennen. (3) Die Abhandlung[2], mit der[4] Aldous Huxley[6] unter dem[8] Titel *Literature*[10] *and Science*[12] in die[14] Kontroverse eingegriffen[16] hat, beschränkt[18] sich freilich[20] auf eine[22] Konfrontation der[24] Naturwissenschaften[26] mit der[28] belletristischen Literatur[30]. (4) Beide Kulturen[2] unterscheidet Huxley[4] zunächst unter[6] dem Gesichtspunkt[8] der spezifischen[10] Erfahrungen, die[12] in ihnen[14] verarbeitet werden[16]: die Literatur[18] macht Aussagen[20] über eine[22] eher private[24] Erfahrung, die[26] Wissenschaften über[28] intersubjektiv zugängliche[30] Erfahrungen. (5) Diese lassen[2] sich in[4] einer formalisierten[6] Sprache ausdrücken[8], die nach[10] allgemeinen Definitionen[12] für jedermann[14] verbindlich gemacht[16] werden kann[18]. (6) Die Sprache[2] der Literatur hingegen muß das Unwiederholbare[8] verbalisieren und[10] von Fall[12] zu Fall[14] die Intersubjektivität[16] der Verständigung[18] herstellen. (7) Aber diese[2] Unterscheidung zwischen[4] privaten und[6] öffentlichen Erfahrungen[8] gestattet nur[10] eine erste[12] Annäherung an[14] das Problem[16]. (8) Das Moment[2] Unaussprechlichkeit, das[4] der literarische[6] Ausdruck bewältigen[8] muß, geht[10] nicht so[12] sehr darauf[14] zurück, daß[16] ihm ein[18] in Subjektivität[20] eingesperrtes, ein[22] privates Erlebnis[24] zugrunde liegt[26], sondern darauf[28], daß diese[30] Erfahrungen sich[32] im Horizont[34] einer lebensgeschichtlichen[36] Umwelt konstituieren[38]. (9) Die Ereignisse[2], auf deren[4] Zusammenhang sich[6] die Gesetzeshypothesen[8] der Wissenschaft[10] richten, lassen[12] sich zwar[14] in einem[16] raumzeitlichen Koordinatensystem[18] beschreiben, aber[20] sie sind[22] nicht Elemente[24] einer Welt[26]: „Die Welt[28], mit der[30] sich die[32] Literatur befaßt[34], ist die[36] Welt, in[38] der Menschen[40] geboren werden[42], darin leben[44] und schließlich[46] sterben; die[48] Welt, in[50] der sie[52] lieben und[54] hassen, Triumph[56] und Erniedrigung[58], Hoffnung und[60] Verzweiflung erleben[62]; die Welt[64] der Leiden[66] und Freuden[68], des Wahnsinns[70] und des[72] Gemeinverstands, der[74] Dummheit, Verschlagenheit[76] und Weisheit[78]; die Welt[80] aller Arten[82] sozialen Drucks[84] und individuellen[86] Triebs, des[88] Zwistes von[90] Vernunft und[92] Leidenschaft, der[94] Instinkte und[96] Konventionen, gemeinsamer[98] Sprache und[100] mit niemanden[102] teilbarer Gefühle[104] und Empfindungen[106]". (10) Hingegen befaßt[2] sich die[4] Wissenschaft nicht[6] mit den[8] Gehalten einer[10] solchen perspektivisch[12] aufgebauten, ichzentrisch[14] gebundenen umgangssprachlich[16] vorinterpretierten Lebenswelt[18] sozialer Gruppen[20] und vergesellschafteter[22] Individuen: „Der[24]

Chemiker, der[26] Physiker und[28] der Physiologe[30] sind Bewohner[32] einer von[34] Grund auf[36] verschiedenen Welt[38] — nicht des[40] Universums gegebener[42] Erscheinungen, sondern[44] der Welt[46] erschlossener, äußerst[48] feiner Strukturen[50]; nicht der[52] Erfahrungswelt einzigartiger[54] Ereignisse und[56] mannigfaltiger Eigenschaften[58], sondern der[60] Welt quantifizierter[62] Regelmäßigkeiten." (11) Der sozialen[2] Lebenswelt stellt[4] Huxley das[6] weltlose Universum[8] der Tatsachen[10] gegenüber. (12) Er sieht[2] auch genau[4], in welcher[6] Weise die[8] Wissenschaften ihre[10] Informationen über[12] dieses weltlose[14] Universum in[16] die Lebenswelt[18] sozialer Gruppen[20] umsetzen: „Wissen[22] ist Macht[24], und scheinbar[26] paradoxerweise ist[28] es dahin[30] gekommen, daß[32] Naturwissenschaftler und[34] Technologen mittels[36] ihres Wissens[38] von dem[40], was in[42] einer unerlebten[44] Welt der[46] Abstraktionen und[48] der Schlußfolgerungen[50] geschieht, ihre[52] ungeheure und[54] zunehmende Macht[56] erwarben, die[58] Welt lenken[60] und abändern[62], in welcher[64] zu leben[66] die Menschen[68] bevorrechtet und[70] verurteilt sind[72]".

J. Habermas, Technik und Wissenschaft als ,Ideologie', 1968, S. 104—106.

6 B 1.2 P. Handke

(1) Du stehst[2]. (2) Der Tisch[2] steht. (3) Der Tisch[2] steht nicht[4], er ist[6] gestellt worden[8]. (4) Du liegst[2]. (5) Der Tote[2] liegt. (6) Der Tote[2] liegt nicht[4], er ist[6] gelegt worden[8]. (7) Würdest du[2] nicht stehen[4] können und[6] würdest du[8] nicht liegen[10] können, könntest[12] du nicht[14] sagen: der[16] Tisch steht[18]; und der[20] Tote liegt[22]: könntest du[24] nicht liegen[26] und stehen[28], könntest du[30] nicht sagen[32]: ich kann[34] weder liegen[36] noch stehen[38].

Peter Handke, Kaspar, 1969, S. 45.

(1) Sag, was[2] du denkst[4]. (2) Du kannst[2] nichts anderes[4] sagen als[6] was du[8] denkst. (3) Du kannst[2] nichts sagen[4], was du[6] nicht auch[8] denkst. (4) Sag, was[2] du denkst[4]. (5) Wenn du[2] sagen willst[4], was du[6] nicht denkst[8], mußt du[10] es im[12] gleichen Augenblick[14] auch zu[16] denken anfangen[18]. (6) Sag, was[2] du denkst[4]. (7) Du kannst[2] anfangen zu[4] sprechen. (8) Du mußt[2] anfangen zu[4] sprechen. (9) Wenn du[2] zu sprechen[4] anfängst, wirst[6] du zu[8] denken anfangen[10], was du[12] sprichst, auch[14] wenn du[16] etwas anderes[18] denken willst[20]. (10) Sag, was[2] du denkst[4]. (11) Sag, was[2] du nicht[4] denkst. (12) Wenn du[2] zu sprechen[4] angefangen hast[6], wirst du[8] denken, was[10] du sagst[12]. (13) Du denkst[2], was du[4] sagst, das[6] heißt, du[8] kannst denken[10], was du[12] sagst, das[14] heißt, es[16] ist gut[18], daß du[20] denkst, was[22] du sagst[24], das heißt[26], du sollst[28] denken, was[30] du sagst[32], das heißt[34] sowohl, daß[36] du denken[38] darfst, was[40] du sagst[42], als auch[44], daß du[46] denken mußt[48], was du[50] sagst, weil[52] du nichts[54] *anderes* denken[56] darfst als[58] das, was[60] du sagst[62]. (14) Denk, was[2] du sagst[4].

Peter Handke, Kaspar, S. 54—55.

6 B 2 Verbalgefüge in einem Gedicht

Betrachten Sie die Rolle der Verbalgefüge im Gedicht von Enzensberger, S. 32.

laß mich heut nacht in der gitarre schlafen
in der verwunderten Gitarre der Nacht
laß mich ruhn
      im zerbrochnen holz
laß meine Hände schlafen
          auf ihren saiten
meine verwunderten hände
        laß schlafen
das süße holz
     laß meine saiten
         laß die nacht
auf den vergessenen griffen ruhn
meine zerbrochenen hände
        laß schlafen
auf den süßen saiten
im verwunderten holz.

7   Der Imperativ; Person und Zahl beim Verb; der Begriff „Redundanz"

7 A 1   Besondere Schwierigkeit der Arbeit an den verbalen Kategorien

Mit diesem Kapitel begegnen wir einer neuen Art von Schwierigkeiten, denn wir begnügen uns nicht mehr damit, Einheiten und Klassen *abzugrenzen,* sondern wir möchten ihre *semantischen Werte* herausarbeiten, sie zureichend bewußt machen (oder ihre bisherige be-
wußte Fassung, wie sie in der traditionellen Grammatik vorliegt,
korrigieren). In den Begriffen des Schichtenmodells: Wir haben neben
und über den Einheiten und Klassen der Morphostruktur diejenigen
der Nomostruktur aufzuweisen, sei es daß sie sich mit denen der
Morphostruktur decken, sei es daß in der Nomostruktur andere Einheiten und andere Klassen anzusetzen sind.

Bisher haben wir nur *Strukturen überhaupt* aufgewiesen, Einheiten
und deren Stellungen erkannt, aber ihnen noch *keine* besonderen
Werte zugeschrieben, weder kategoriale noch speziell semantische. Für
dieses Herausarbeiten von Einheiten und deren Stellungen, das wir
„topologisch" nannten, genügte es, von den Informanten ein Urteil
über „üblich — nicht üblich" oder „zulässig — anstößig" eines gegebenen Ausdrucks oder eines durch Verschiebeproben usw. gewonnenen Ausdrucks zu erhalten.

Mit einer reinen Topologie dieser oder anderer Art kann sich aber
eine Grammatik nicht begnügen — es ist der berechtigte Vorwurf der
generativen Grammatik an die taxonomische der Bloomfield-Schule,
daß diese zu wenig über die Topologie und Grob-Klassifikation hin-
ausging. Die taxonomische Grammatik *konnte* das nicht, weil sie die
Selbstbeobachtung grundsätzlich ablehnte (auch wenn diese praktisch
nie ganz ausgeschaltet war).

Die generative Grammatik betont demgegenüber die Unentbehr-
lichkeit der Selbstbeobachtung. Dabei muß man aber der generativ-
transformationalen Schule von Chomsky nicht selten vorwerfen, daß
sie bei der Rehabilitierung der Selbstbeobachtung (linguistic intuition)
etwas unvorsichtig vorgeht und mit der ungeprüften Übernahme zentraler Begriffe aus der traditionellen Grammatik auch ein gutes Stück
Semantik ungeprüft und mit allen Fehlerquellen übernommen hat.

Demgegenüber ist es ein Hauptanliegen der hier entwickelten operationalen Grammatik, daß bei dem unerläßlichen Arbeiten mit der Selbstbeobachtung auch immer die nötigen Vorsichtsmaßregeln getroffen werden, damit die erforderliche wissenschaftliche Objektivität (= Intersubjektivität der genügend Orientierten, die sich der Anwendung vereinbarter Methoden unterziehen) erreicht wird (Ausgehen von Texten, Beizug von Informanten).

Das ist im Bereich der verbalen Kategorien besonders wichtig, weil es hier neben anderem um das Problem der *Geltung von Aussagen* und um das Problem der *Zeit* überhaupt geht — also um zentrale Bereiche des menschlichen Selbstverständnisses. Diese Bereiche sind in der Philosophie seit je behandelt worden, daher existieren hier besonders viele und tief verwurzelte Vor-Urteile (ganz wörtlich genommen), und auch beim nicht philosophisch Gebildeten, beim „einfachen Mann" muß man hier mit besonders verfestigten Bewußtseinsinhalten rechnen (nicht zuletzt auf Grund des Grammatikunterrichts der Schule, den die Schüler ja größtenteils in einem Alter durchmachen, in dem sie noch gar nicht zu kritischer Stellungnahme erzogen sind). Es kann daher sehr wohl sein, daß gerade auf diesem Gebiet auch von manchem Benutzer dieses Bandes besonders intensive (und anstrengende) Akte des Relativierens und des eigentlichen Umlernens gefordert werden. Um so wichtiger ist es, immer wieder Proben durchzuführen, sich zunächst probeweise einmal auf die hier gekennzeichneten Standpunkte zu stellen, von hier aus Texte zu lesen und Beobachtungen am spontanen Sprachgebrauch zu machen und erst nach längerer derartiger Arbeit ein Urteil über Brauchbarkeit und Zuverlässigkeit der Begriffe abzugeben.

7 A 2   Die Sonderstellung des Imperativs

Zunächst gibt uns die reine Topologie noch gewisse Anhaltspunkte. Wir finden nämlich Formen, die gemäß der Transformationsmöglichkeit eindeutig zu den finiten Formen zu rechnen sind, die aber nicht in F-Endstellung vorkommen und für die der Unterschied zwischen F-Zweitstellung und F-Spitzenstellung oft irrelevant ist: die reinen Imperative „*komm!*" „*geh!*" usw. Dafür gibt es folgende Probe:

Er *kommt* morgen.	*Komm* morgen!
Morgen *kommt* er vielleicht.	Nun *komm* doch morgen!
Vielleicht *kommt* er morgen.	So *komm* doch morgen!
Wenn er morgen vielleicht *kommt* . . .	

Die Imperative „*komm!*", „*geh!*", „*laß!*" usw. haben offensichtlich eine Sonderstellung. Eine Transformationsprobe erweist sofort, daß das ebenso gilt für „*kommt!*" und „*kommen Sie!*" usw.

Der semantische Wert ist verhältnismäßig leicht zu fassen: mit diesen Verbalformen kann man *nur* zu etwas *auffordern*, während man mit allen andern Verbalformen *sowohl* auffordern wie auch etwas ohne Aufforderung *aussagen* wie etwas *fragen* kann: *Der verschwindet sofort! Ohne Widerrede! Der verschwindet sofort?.* In erzählendem Kontext auch: *Er verschwindet nun sofort, unmittelbar darauf tritt ein anderer vor und erklärt . . . .*

Auch über den semantischen Unterschied der drei Formen ist leicht Einigkeit zu erzielen:

Komm! nimm! probier!: die Aufforderung richtet sich nur an *einen* Partner.

Kommt! Nehmt! Probiert!: die Aufforderung richtet sich an mehrere Partner.

Kommen Sie! Nehmen Sie! Probieren Sie!: die Aufforderung richtet sich an Partner, mit denen man nicht auf „Du" steht, die man mit der „Höflichkeitsform" anspricht. Dabei wird kein Unterschied gemacht, ob ein oder mehrere Partner angesprochen werden:

Kommen Sie, mein Herr! — Kommen Sie, meine Herren!

Wir haben damit folgende Kategorien der traditionellen Grammatik bestätigt:

Imperativ Singular —

Imperativ Plural —

Imperativ in Höflichkeitsform, ohne Unterscheidung von Singular und Plural.

Dazu sind noch sechs Anmerkungen erforderlich.

1. Umgangssprachlich wird häufig der Imperativ Plural auch gegenüber einer Mehrzahl von Personen gebraucht, die man für sich allein mit „*Sie*" anreden würde.

2. Altertümlich (und heute noch landschaftlich) gilt der Imperativ Plural überhaupt als Höflichkeitsform: *Seht, Herr Richter, das war so.* Lange Zeit war es in manchen Gegenden üblich, daß Untergebene ihre Vorgesetzten mit „*Sie*", dagegen Vorgesetzte die Untergebenen mit „*Ihr*" ansprachen.

3. Heute gar nicht mehr verwendet, aber in älteren Texten öfters anzutreffen ist der Imperativ *geh er sofort und hol er . . . .* Daß es sich hier um den Imperativ als eigene Kategorie handelt,

nicht um einen Konjunktiv, kann mit Hilfe von Proben wahrscheinlich gemacht werden; die Sicherheit der Entscheidung ist dadurch beschränkt, daß diese Formen nur noch in Texten vorkommen, wir also keine Informanten mehr haben, zu deren Kompetenz sie gehören.

4. Insgesamt treffen wir hier auf ein bemerkenswertes Auseinandertreten von Phonomorphie (lautlicher Darstellung) und grammatischer Kategorie. Nur der Imperativ Singular ist fast immer durch eine eigene Lautung dargestellt (und auch das nicht in *„sei! werde; bleibe!"*, wo die gleiche Lautung auch als Konjunktiv I 3. P. auftritt, vgl. S. 95 und S. 106 f.). Der Imperativ Plural hat die gleiche Lautung wie die zweite Person Indikativ Präsens Plural und sehr oft wie die 3. Person Indikativ Präsens Singular (*geht!* er *geht* auch!).

5. Der Imperativ der Höflichkeitsform erweist sich als eine feste Verbindung des Finitums mit einer nichtverbalen Einheit, nämlich dem *„Sie"* (der Einheit, die wir später als „Subjekt" bestimmen werden). Dieses *„Sie"* ist aber gegenüber einem gewöhnlichen Subjekt dadurch gekennzeichnet, daß es *nicht vor* das Finitum treten kann: *Sehen Sie doch nur, was Sie angerichtet haben.* Die Umstellung *„Sie sehen doch nur ... "* wird wohl von keinem Informanten als Aufforderung verstanden werden. Ferner kann zwischen das Finitum und das *„Sie"* nur eine ganz besondere Einheit eingeschoben werden, in besonderem Zusammenhang: *Gehen Sie jetzt! Gehen doch Sie!* Dagegen kann man kaum sagen *„Gehen mit ihm doch Sie!"* und ähnlich.

6. Insgesamt ist es hier unerläßlich, immer zwischen der *Redeabsicht* „Aufforderung" und der *grammatischen Kategorie* „Imperativ" klar zu unterscheiden. Jeder Imperativ ist eine Aufforderung (auch der sogenannte konditionale: *tu das nur, und du wirst deine Erfahrungen machen*), aber längst nicht jede Aufforderung muß durch Imperativ ausgedrückt werden (*Ihr kommt jetzt sofort mit! Aufstehen! Alles liegen lassen! Keiner bleibt hier!*). Diese Unterscheidung zwischen (noch nicht auf eine grammatische Form festgelegter) *Redeabsicht* einerseits und *fester grammatischer Kategorie* andererseits, die wir hier ein erstes Mal deutlich erkennen, werden wir immer wieder machen müssen, ganz besonders im Bereich der verbalen Kategorien.

7 A 3 Die drei „Personen"; Singular und Plural

Bei der Behandlung des Imperativs sind wir bereits darauf gestoßen, daß es Finita gibt, die man verwendet, wenn man *einen* Partner anspricht, und Finita, die für das gleichzeitige Ansprechen *mehrerer* Partner verwendet werden. Zugleich haben wir gesehen, daß bei der höflichen Anrede dieser Gegensatz entfällt (im Fachjargon ausgedrückt: die Opposition Singular-Plural ist für die höfliche Anrede *neutralisiert*).

Wir schließen sogleich die Behandlung der übrigen „Personen" an. Es ist nämlich offenbar sinnvoll, nach sehr alter grammatischer Tradition (sie reicht bis in die römische Zeit zurück) die verschiedenen Formen des Finitums folgendermaßen zu ordnen:

	zu *können*	zu *werden*	zu *haben*	zu *sein*
du	kannst	wirst	hast	bist
	könnest	werdest	habest	sei(e)st
	könntest	würdest	hättest	wärest
	konntest	wurdest	hattest	war(e)st
ich	kann	werde	habe	bin
	könne	werde	habe	sei
	könnte	würde	hätte	wäre
	konnte	wurde	hatte	war
er, es, jemand, der	kann	wird	hat	ist
	könne	werde	habe	sei
	könnte	würde	hätte	wäre
	konnte	wurde	hatte	war

Die Reihenbildung läßt sich durch Tranformationen jederzeit als objektiv (in der Sprache vorhanden, nicht nur vom Grammatiker hineingelegt) belegen. Man braucht nur als Reiz „*du — ich — sonst jemand*" und die entsprechenden Infinitive zu geben, und man erhält von jedem Informanten die oben gegebenen Formen, wenn auch nicht gerade in der oben gewählten Reihenfolge. Dabei fällt auch sofort auf, daß die Phonomorphie manche Unsicherheiten und Unvollkommenheiten zeigt. Man schwankt zwischen „du *warst*" und „*du warest*", zwischen „du *seist*" und „du *seiest*". Die Formen, die zu „ich" und

„jemand" gehören, sind einmal verschieden („ich *bin*, ich *werde* — jemand *ist*, jemand *wird*"), dann wieder sind sie gleich („ich *sei*/ *war*/*wäre* — jemand *sei*/*war*/*wäre*").

Lautlich gleiche Formen können an ganz verschiedenen Stellen auftreten: „*werde*" in der Reihe „*sei*" für „*ich*" *und* für „*jemand*", aber in der Reihe „*bin*" nur für „*ich*" usw.

Es wird hier beispielhaft klar, welchen Umweg eine rein taxonomische Grammatik macht und welche Schwierigkeiten sie sich selber schafft, wenn sie rein von der Phonomorphie, von den lautlich gegebenen Formen ausgeht und nicht von Anfang an die Ordnungshilfen benutzt, die sich in den Transformationen sozusagen von selber anbieten. Zugleich wird klar, daß wir mit gutem Gewissen daran gehen können, für die durch die Transformationen gesicherten Reihen die semantischen Werte herauszuarbeiten, auch ohne daß wir vorher alle Probleme der Phonomorphie geklärt haben (d. h. ohne eine Diskussion der „Formenbildung" im einzelnen).

Offensichtlich wird die Reihe „zweite Person" benutzt, wenn das mit dem Verb Ausgesagte von dem gelten soll, den man *anspricht*: *du bist . . . hast . . . , wirst . . . kannst . . .* usw. Dazu gehört als Höflichkeitsform: *Sie sind . . . Nun haben Sie . . . Könnten Sie nicht . . .* usw. Soll das im Verb Gesagte vom *Sprechenden selber* gelten, so benutzt man die sog. *erste Person*: ich bin, wäre, würde, konnte usw. Trifft weder das eine noch das andere zu und bezieht sich die Aussage des Verbs auf irgend einen „dritten", so benutzt man die „dritte Person": *er (jemand, einer, der . . . dieser . . .) ist . . . , wird . . . , hat . . . , kann . . .* usw.

Auch hier muß nötigenfalls unterschieden werden zwischen der *Redeabsicht* und der dafür gewählten *grammatischen Kategorie*. Wenn jemand von und zu sich selber sagt: „Das hast du jetzt davon!", dann ist das zweite Person, auch wenn es in Wirklichkeit für den Sprechenden selber gilt.

Die Anordnung läßt sich ebenfalls diskutieren. Traditionell ist die Folge *ich — du — jemand*. Böse Zungen könnten behaupten, darin zeige sich die Ich-Bezogenheit der abendländischen Welt. Von der Deutlichkeit der Phonomorphie her müßte man die Reihenfolge „du — ich — er" vorziehen, also „*bist*/*wirst* — *bin*/*werde* — *ist*/*wird*", denn die zweite Person hat *immer* die einheitliche Lautung „*-st*", während die erste und dritte Person oft gleich lauten.

Von der Häufigkeit her würde sich gerade das Umgekehrte empfehlen: „jemand — ich — du", also *dritte Person — erste Person — zweite*

Person. Die dritte Person ist die eigentlich „neutrale Form", die erste und zweite geben demgegenüber etwas Besonderes, einen Bezug auf die Situation Sprecher — Angesprochener.

Dazu einiges aus der Sprachstatistik, nämlich die Häufigkeit der drei Verbalformen „ist — bin — bist":

	ist	bin	bist	(sind)	(seid)
				(=1. u 3. P.)	
Frisch, Homo Faber	415	97	19	85	3
Novalis, Heinrich von Ofterdingen	284	28	20	82	12
Helmut Meier, Deutsche Sprach- statistik, 1964	96970	6066	1967	30596	1089

Trotz dieser Erwägungen wäre es unpraktisch, an Stelle der allgemein gebräuchlichen Namen „1. Person, 2. Person, 3. Person" andere Bezeichnungen einzuführen. Man darf nur nicht auf den Eigenwert (das „relativement motivé") von „1., 2., 3.," achten.

Schließlich gibt es noch die Besonderheit, daß das im Verb Ausgesagte nicht von *einer*, sondern von *mehreren* Personen, Sachen, Vorstellungen gelten soll:

einer ist — viele sind	*ich bin — wir sind*	*du bist — ihr seid*
einer hat — manche haben	*ich habe — wir haben*	*du hast — ihr habt*
usw.		

Wir haben den *Plural* des Verbs. Hier gibt es zwischen 3. und 1. Person keinen Unterschied in der Verbform, und wenn wir doch das Paradigma ansetzen *„wir kommen — ihr kommt — sie kommen"*, dann tun wir es aus System-Analogie zum Singular. Ein auch im Verb hörbarer Unterschied besteht nur für die 2. Person, und auch hier wird bei sehr vielen Verben eine Form verwendet, die zugleich für die 3. Person Singular dient: *„ihr sagt / kommt / geht /"* usw.

Viel häufiger als diese „normale" Pluralform der 2. Person wird ohnehin die Höflichkeitsform benutzt, für die der Unterschied von Singular und Plural nicht besteht. Dazu fallen bei der 1. und 3. Person Plural für alle Verben außer *„sein"* die Formen des Finitums mit denen des Infinitivs zusammen.

7 A 4 Historisch-vergleichender Exkurs

Die Nicht-Unterscheidung der Formen für die verschiedenen Personen kann als kennzeichnend für die späte Entwicklung der indoeuropäischen Sprachen betrachtet werden. Im Lateinischen sind noch alle Personen deutlich unterschieden:

> *Sum*   *es*   *est*   *sumus*   *estis*   *sunt*
> *amo*   *amas*   *amat*   *amamus*   *amatis*   *amant.*

Entsprechendes gilt vom Gotischen und noch vom Althochdeutschen.

> got.   *im*   *is*   *ist*   *sijum*   *sijuth*   *sind*
>   *haba*   *habais*   *habaith*   *haban*   *habaith*   *haband*
> ahd.   *bin*   *bist*   *ist*   *birum(n)*   *birut*   *sint*

Im Altsächsischen besteht schon ein Einheitsplural:

> *bium*   *bis(t)*   *is(t)*   *sind(un)*

In Mundarten gilt z. T. schon seit langem „Einheitsplural":

> *mir (wir) sind*   *ihr sind*   *sie sind.*

7 A 5 Sprachtheoretischer Exkurs; der Begriff „Redundanz"

Die Darstellung von Person und Zahl am Finitum ist ein besonders deutliches Beispiel für das, was man „Redundanz" nennt. Der Begriff kommt aus der Informationstheorie und kann definiert werden als „mehrfache Signalisierung ein und desselben Stückes Information". Als elementares Beispiel zieht man am besten die Verkehrssignale heran. Eine Fußgängerampel soll z. B. die (sich gegenseitig ausschließenden) Informationen signalisieren „Fußgängerstreifen frei" und „Fußgängerstreifen von anderm Verkehr beansprucht". Das erfolgt analog zu allen andern Verkehrszeichen durch grünes Licht in Opposition zu rotem Licht. Wenn nun bei grünem Licht zugleich das Wort „gehen" und bei rotem Licht zugleich das Wort „warten" aufleuchtet oder wenn die grüne Ampel zugleich eine gehende menschliche Figur, die rote Ampel zugleich eine stillstehende Figur zeigt, dann ist die Signalisierung redundant, d. h. zwei oder mehr Signalisierungselemente, die jedes für sich genügen würden, signalisieren *ein* Stück Information.

Vom Standpunkt einer möglichst ökonomischen Signalgebung und -übertragung kann man sagen, daß Redundanz „unnütz" ist und daß man ein möglichst redundanzfreies Signalisierungssystem anstrebt, das entsprechend sparsam ist. Vom Standpunkt der *Sicherheit* der Signalisierung ist es gerade umgekehrt, denn die Redundanz erhöht die Wahrscheinlichkeit, daß trotz Nichtbeachtung gewisser Signalelemente doch die Information richtig aufgenommen wird, da das nicht beachtete Signalelement nicht das *einzige* ist, das diese Information zu übermitteln hat. Richtet sich die Information unmittelbar an menschliche Empfänger, so ist die Redundanz wichtig für die *Eindringlichkeit* der Information. Wir kommen hier aus der Informationstheorie unmittelbar hinüber in die Werbepsychologie.

Zum Problem „Darstellung von Person und Zahl" ist nun zu sagen, daß diese Darstellung im Deutschen weithin redundant ist, weil die Information „von wem geht die Handlung aus" *sowohl* durch die Form des Verbs *wie* durch das Subjekt gegeben ist. Man versteht denn auch ein ungrammatisches Sprechen, das auf diese Redundanz verzichtet:

Du heute hier sein —
ich morgen hier sein —
wir beide übermorgen zusammen gehen.

Die Redundanz scheint um so größer zu werden, je weiter wir in der Geschichte der indoeuropäischen Sprachen zurückgehen, und um so kleiner, je mehr wir uns der Gegenwart nähern. Ferner ist sie größer bei den sogenannten „unregelmäßigen Verben" (= Verben mit nicht vorhersagbarer Phonomorphie) als bei den „regelmäßigen":
engl. *I come   we come   you come   they come* (nicht redundant)
     I am   we are   you are   they are (am — are redundant)
Insgesamt ist zu sagen, daß wohl das Deutsche, verglichen mit andern modernen Sprachen, besonders viel Redundanz zeigt.

Aufgaben zu 7

7 B 1   Bestimmen der Personalformen

Bestimmen Sie alle Personalformen in folgendem Text, wo nötig mit Proben.

Und gar Sie, gnädige Frau — als blond — *Ill flüsterte ihm etwas zu* — rotgelockter Wildfang tollten Sie durch unsere nun leider verlotterten Gassen — wer kannte Sie nicht. Schon damals spürte jeder den Zauber Ihrer Persönlichkeit, ahnte den kommenden Aufstieg zu der schwindelnden Höhe der Menschheit. *Er zieht das Notizbüchlein hervor.* Unvergessen sind Sie geblieben. In der Tat. Ihre Leistung in der Schule wird noch jetzt von der Lehrerschaft als Vorbild hingestellt, waren Sie doch besonders im wichtigsten Fach erstaunlich, in der Pflanzen- und Tierkunde, als Ausdruck Ihres Mitgefühls zu allem Kreatürlichen, Schutzbedürftigen. Ihre Gerechtigkeitsliebe und Ihr Sinn für Wohltätigkeit erregte schon damals die Bewunderung weiter Kreise. *Riesiger Beifall.* Hatte doch unsere Kläri einer armen alten Witwe Nahrung verschafft, indem sie mit ihrem mühsam bei Nachbarn verdienten Taschengeld Kartoffeln kaufte und sie so vor dem Hungertode bewahrte, um nur eine ihrer barmherzigen Handlungen zu erwähnen. *Riesiger Beifall.* Gnädige Frau, liebe Güllener, die zarten Keime so erfreulicher Anlagen haben sich denn nun kräftig entwickelt, aus dem rotgelockten Wildfang wurde eine Dame, die die Welt mit ihrer Wohltätigkeit überschüttet, man denke nur an ihre Sozialwerke, an ihre Müttersanatorien und Suppenanstalten, an ihre Künstlerhilfe und Kinderkrippen, und so möchte ich der nun Heimgefundenen zurufen: Sie lebe hoch, hoch, hoch! *Beifall. Claire Zachanassian erhebt sich.*

CLAIRE ZACHANASSIAN: Bürgermeister, Güllener. Eure selbstlose Freude über meinen Besuch rührt mich. Ich war zwar ein etwas anderes Kind, als ich nun in der Rede des Bürgermeisters vorkomme, in der Schule wurde ich geprügelt, und die Kartoffeln für die Witwe Boll habe ich gestohlen, gemeinsam mit Ill, nicht um die alte Kupplerin vor dem Hungertode zu bewahren, sondern um mit Ill einmal in einem Bett zu liegen, wo es bequemer war als im Konradsweilerwald oder in der Peterschen Scheune. Um jedoch meinen Beitrag an eure Freude zu leisten, will ich gleich erklären, daß ich bereit bin, Güllen eine Milliarde zu schenken. Fünfhundert Millionen der Stadt und fünfhundert Millionen verteilt auf jede Familie. *Totenstille.*

Aus: Friedrich Dürrenmatt, Komödien I, Zürich ³1960, S. 291 f.

7 B 2 Vergleich Deutsch — Englisch

Vergleichen Sie deutschen Originaltext und Übersetzung im Blick auf die Darstellung von Person und Zahl und ihre Redundanz.

> O Tod! ich kenn's — das ist mein Famulus —
> Es wird mein schönstes Glück zunichte!
> Daß diese Fülle der Gesichte
> Der trockne Schleicher stören muß!

Wagner im Schlafrocke und der Nachtmütze, eine Lampe in der Hand. Faust wendet sich unwillig.

WAGNER

Verzeiht! ich hör' Euch deklamieren;
Ihr last gewiß ein griechisch Trauerspiel?
In dieser Kunst möcht' ich was profitieren,
Denn heutzutage wirkt das viel.
Ich hab' es öfters rühmen hören,
Ein Komödiant könnt' einen Pfarrer lehren.

FAUST

Ja, wenn der Pfarrer ein Komödiant ist;
Wie das denn wohl zu Zeiten kommen mag.

Faust, V. 518—529

Damnation, that will be my Servitor!
My richest hope is in confusion hurled:
He spoils my vision of the spirit world,
This lickspittle of learning at my door.

*(Wagner in dressing-gown and night-cap, carrying a lamp. Faust turns
reluctantly.)*

WAGNER. Beg pardon, but I heard you, Sir, declaiming —
Some tragedy, I'll warrant, from the Greek? —
That's just the learned art at which I'm aiming,
For people are impressed when scholars speak.
Indeed, I've heard the stage can be a teacher,
So that the actor can inspire the preacher.
FAUST. Past question, if the parson is a mummer —
A thing you may discover, now and then.

7 B 3 Redundanz

Vergleichen Sie zum oben erläuterten Begriff „Redundanz" die
folgende Stelle (Aus dem „Großen Duden-Lexikon", Bd. 6, S. 662):

Redundanz (lat.), Maß jenes Signalanteils einer Nachricht, der keine
(neue) Information trägt (in „12.00 Uhr mittags" ist das letzte Wort
ein *redundantes Signal*).

8 A 1   Die Sonderstellung der Gefüge mit „sein", „haben",

Es läge nahe, nach der Klärung des Imperativs und der Diskussion der drei Personen und zwei Zahlen zunächst nur die Kategorien zu behandeln, die am einfachen Finitum unterscheidbar sind, also „ist — sei — wäre — war", oder Indikativ und Konjunktiv Präsens und Präteritum. Nun beobachten wir aber oft einen spontanen Wechsel von einfachem Finitum und Gefüge und umgekehrt, wobei es sehr schwer fällt, einen faßbaren Informationsunterschied nachzuweisen: „A *käme* sicher, B *würde* sicher auch *kommen* ..."; „Gestern *hat* er es eben noch *geschafft,* heute früh *schaffte* er es nicht mehr" oder gerade umgekehrt: „Gestern *schaffte* er es eben noch, heute früh *hat* er es nicht mehr *geschafft*". Solche Beobachtungen legen es nahe, bei der Analyse sogleich einfache Finita und Gefüge *zusammen* zu betrachten. Auf der andern Seite ist die Zahl der Gefüge so groß (*wird kommen, will kommen, sollte kommen, könnte kommen* usw.), daß wir doch zunächst nach einer Begrenzung suchen. Eine solche Begrenzung ergibt sich aus der Beobachtung der *Kombinierbarkeit.*
„*Wollen, sollen, müssen*" usw., d. h. die „Modalverben", verbinden sich mit beliebigen Infinitiven, jedes Modalverb mit jedem Infinitiv, und in allen finiten Formen.
„*Haben*" und „*sein*" verbinden sich (ohne „*zu*"!) *nur* mit Partizip, und zwar in spezifischer Verteilung, der wir meist keinen faßbaren Informationsunterschied abzugewinnen vermögen:

Dort *ist* so eine Einrichtung	dort *besteht* so eine Einrichtung
ist gewesen	*hat bestanden*
war gewesen	*hatte bestanden*
Endlich *geht* es	Endlich *klappt* es
ist es *gegangen*	*hat* es *geklappt*
usw.	

„*Werden*" trägt im Gefüge mit Infinitiv eine markant andere Information als im Gefüge mit Partizip; das wird besonders deutlich, wo Infinitiv und Partizip in der Phonomorphie nicht unterschieden sind:

$$\text{wird er verraten} \begin{cases} \text{was er dort gehört hat? (er kann } \textit{etwas verraten}) \\ \text{so ist er verloren (er kann } \textit{verraten werden}). \end{cases}$$

Im Gefüge mit Partizip („Passiv") sind alle finiten Formen von „werden" möglich („er *wird* beachtet, *werde* beachtet, *würde* beachtet, *wurde* beachtet") im Gefüge mit Infinitiv dagegen ist „wurde" ausgeschlossen: „er *wird* antworten/*werde* antworten/*würde* antworten", aber nicht „er *wurde* antworten".

Anmerkung zur Sprachgeschichte: Im Früh-Neuhochdeutschen war auch dieses Gefüge durchaus üblich, mit dem Sinn von „anfangen zu, beginnen zu":

Als Thinas das sahe, *ward* er herczlich *wainen* (Tristrant 1484, S. 112). (Tristan hat sich geschnitten) und *ward* zu male vast *bluten.*

Diese Beobachtungen legen es nahe, daß wir zuerst die einfachen Finita und die „*haben*"- und „*sein*"-Gefüge in ihrem gegenseitigen Zusammenhang untersuchen, und dann die Gefüge „*werden* + Infinitiv".

8 A 2 Tempus und Modus am einfachen Finitum und am „haben"-Gefüge

Wir stellen zuerst die vorhandenen Formen zusammen, der Einfachheit halber nur für die 3. Person Singular, die wir oben S. 97 als die eigentliche „Normalform" oder „Neutralform" von Finitum und finitem Gefüge erkannt haben. Wir wählen das Verb „*nehmen*".

Davon sind mit „*jemand, er, einer*" usw. möglich:

$$\text{(jemand \dots)} \begin{cases} \textit{nimmt} \\ \textit{nehme} \\ \textit{nähme} \\ \textit{nahm} \\ \textit{hat genommen} \\ \textit{habe genommen} \\ \textit{hätte genommen} \\ \textit{hatte genommen.} \end{cases}$$

Die traditionelle Grammatik ordnet diese 8 Formmöglichkeiten in einem bemerkenswert klaren Bild von 2 mal 4 Kategorien:

Indikativ — Konjunktiv
Präsens — Präteritum — Perfekt — Plusquamperfekt
Das ergibt:

Präsens Indikativ *nimmt*   Präsens Konjunktiv   *nehme*
Präteritum   „   *nahm*   Präteritum   „   *nähme*
Perfekt   „   *hat genommen*   Perfekt   „   *habe genommen*
Plusquampf. „ *hatte genommen* Plusquampf. „ *hätte genommen*

Darüber hinaus werden Perfekt und Plusquamperfekt als „vollendete Zeiten" dem Präsens und Präteritum als den „unvollendeten Zeiten" gegenübergestellt, so daß sich ein ganz ideal klares Bild ergibt: (2 x 2 x 2 Kategorien)

„Gegenwart"

„Vergangenheit"

„vollendete Gegenwart"

„vollendete Vergangenheit"

„in Wirklichkeitsform"   „in Möglichkeitsform"

Dieses Bild stimmt sehr schön, wenn man es von der Phonomorphie her betrachtet. Es stimmt aber gar nicht zu dem, was man am *Funktionieren* dieser Formen, also in der Morphosyntax, beobachten und durch geeignete Ersatzproben nachweisen kann.

Wir setzen zunächst folgende Probe an:

              (Indikativ)   (Konjunktiv)

(Präsens)   A *nimmt an*   =1 i|B meldet, A. *nehme* an =1 k
(Präteritum) A *nahm an*   =2 i|B meldet, A. . . . . =2 k
(Perfekt)   A *hat angenommen* =3 i|B meldet, A. . . . . =3 k
(Plusqu.)   A *hatte angenommen*=4 i|B meldet, A. . . . . =4 k

Wenn die traditionelle Einordnung zuträfe, müßte es in 2 k heißen: „A. *nähme an*" — in 3 k: „A. *habe angenommen*" — in 4 k: „A. *hätte angenommen*". Die Durchführung der Probe, im Selbstversuch wie mit Informanten, ergibt aber ganz andere Werte. Als 2 k wird allgemein geboten „B. meldet, A. *habe angenommen*". Wenn man auffordert, die Form „*nähme an*" doch zu verwenden, wird festgestellt, daß diese Form, wenn überhaupt, als Äquivalent zu „*nehme an*" in Zeile 1 k verwendet werden kann. In Zeile 2 k und 3 k, d. h. gegenüber Präteritum und Perfekt des Indikativs (in 2 i und 3 i) tritt der *gleiche* Konjunktiv Perfekt („*habe angenommen*") auf. Die Form „*hätte an-*

genommen" wird von manchen Informanten (vor allem aus Norddeutschland) in 2 k und 3 k als äquivalent zu *„habe angenommen"* eingesetzt. Will man für Zeile 4 k einen Ausdruck, der dem *„hätte angenommen"* in 4 i wirklich entspricht, so muß man die Konstruktion ändern; man fügt ein *„daß"* ein und sagt: B. meldet, daß A. *angenommen hatte* (aber dann die schon ausgesprochene Annahme wieder zurückzog).

Es ergibt sich also folgendes Bild:

1. A *nimmt an*   B *meldet* $\begin{cases} \text{(A } nimmt \ an) \\ \text{A. } nehme \ an \\ \text{daß A. } annimmt/annehme \end{cases}$

2. A *nahm an* $\Big]$ $\Big\{$ B *meldet* $\begin{cases} \text{A. } habe \ (hätte) \ angenommen \\ \text{daß A. } angenommen \ hat/habe \\ \qquad\qquad\qquad\qquad (hätte) \\ \text{(daß A. } annahm) \end{cases}$

3. A *hat an-*
   genommen $\Big]$ $\Big\{$ B *meldet* $\begin{cases} \text{A. } habe \ (hätte) \ angenommen \\ \text{daß A } annahm \\ \qquad angenommen \ habe \ (hätte) \\ \qquad angenommen \ hat \ (?) \end{cases}$

4. A *hatte an-*
   genommen $\Big\}$ B *meldet* daß A. *angenommen hatte*

Die Sache wird noch verwirrender, wenn wir feststellen, daß der Ersatz von *„nehme"* durch *„nähme"* bzw. *„habe"* durch *„hätte"* eine Zweideutigkeit hervorbringt, ja daß das glatte Gegenteil verstanden werden kann. Der Satz *„B meldet, A. nähme an..."* kann nämlich verstanden werden: A. nähme an, wenn die und die Bedingungen geboten würden; da das nicht der Fall ist, nimmt er gerade *nicht* an. Genauso kann *„B. meldet, A. hätte angenommen"* verstanden werden als: A. hat *nicht* angenommen; er *hätte* es aber getan, wenn man ihm ... Die Mißverständnis-Möglichkeit fällt freilich wenig ins Gewicht, weil aus dem Kontext meist sofort klar wird, was gemeint ist Aber die grammatische Form als solche läßt das Mißverständnis zu.

Als Ergebnis dieser und vieler weiterer Proben läßt sich in erster Annäherung zusammenfassen:

1. Das Präteritum und das Perfekt des Indikativs stehen sich sehr nahe; das eine kann sehr oft als Ersatz für das andere eintreten, und es fällt oft schwer, den eintretenden Informationsunterschied zu fassen. Es gibt allerdings auch Fälle, wo solche Ersetzbarkeit nicht besteht: *Sobald wir ihn gefunden haben, rufen wir an.* Hier ist „sobald wir ihn *fanden*" ausgeschlossen, dagegen ist Ersatz durch „sobald wir ihn *finden*, sobald wir ihn *finden werden*" möglich. Das schulgerechte „*gefunden haben werden*" (die „Vorzukunft") kommt in Wirklichkeit kaum vor.

2. Der sog. Konjunktiv des Präsens und der sog. Konjunktiv Präteritum stehen sich *nicht* mit *zeitlicher* Verschiedenheit gegenüber, sondern kennzeichnen einen Unterschied der *Geltung*; dasselbe gilt für den sog. Konjunktiv Perfekt und Plusquamperfekt.

    Diese Einsicht ist heute allgemein durchgedrungen, und entsprechend verwendet man heute die neutralen Bezeichnungen „Konjunktiv I und II" statt „Konjunktiv Präsens — Konjunktiv Präteritum" (oder „Konjunktiv Imperfekt"); entsprechend empfiehlt es sich, auf die Bezeichnung „Konjunktiv Plusquamperfekt" zu verzichten und statt dessen von „Konjunktiv I zum Perfekt — Konjunktiv II zum Perfekt" zu sprechen.

    Wir betrachten nun die beiden Konjunktive genauer und kehren dann bei der Untersuchung der Gefüge „*werden*" + Infinitiv (Kapitel 9) zur Frage der Tempora zurück.

8 A 3 Sätze mit „wäre" und „sei" aus 73 Seiten Text, geordnet nach gegenseitiger Vertretbarkeit

Da wir hier ein besonders schwieriges und umstrittenes Problem vor uns haben, ziehen wir für die Demonstration ein etwas breiteres Material heran: alle Aussagen mit den Formen „*wäre*" und „*sei*" auf den Seiten 9 bis 81 des Romans „Homo Faber" von Max Frisch. Wir gruppieren nach den Ersatzmöglichkeiten, und wir beginnen mit dem am deutlichsten Abgehobenen und zugleich am wenigsten Zahlreichen, nämlich mit „*wäre*" und „*sei*" (im ganzen Roman findet sich laut Index 45 mal „*wäre*", 29 mal „*sei*" und 445 mal „*ist*").

Wir finden zunächst folgende Gruppierung (Stellennachweise durch die Nummer des Satzes — alle Sätze wurden durchgezählt — dazu in Klammer die Seite der Rororo-Taschenbuchausgabe des Romans, auf der der betr. Satz steht; der Text füllt hier die Seiten 5 bis 42).

I „wäre" nicht ersetzbar durch „sei"

236 (16) (ohne die Notlandung) *wäre* alles anders *gekommen*

237 (16) (nicht auszudenken) wie alles *gekommen wäre*

621 (32) (ich versuche mir vorzustellen), wie es *wäre*, wenn es plötzlich keine Motoren mehr *gäbe* wie zur Zeit der Maya

764 (39) (dann schwieg er und hörte zu und eigentlich hatte ich ihn soweit), *wäre* nicht Marcel *gewesen*, der dazwischen funkte

770 (39) sonst *wäre* ich nicht *gefahren*, wie gesagt, und es *wäre* alles anders *gekommen*

858 (42) Ich *wäre* nie auf die Idee *gekommen* (daß Hanna und Joachim einander heiraten)

II „wäre" ersetzbar durch „sei" und „sei" ersetzbar durch „wäre"
a) ein „als" vor dem Finitum

57 (7) (er hörte zu), als *sei (wäre)* man eine Autorität

189 (14) (bis die Maschine sich fing und stieg), als *wäre (sei)* es für immer in Ordnung

223 (15) (man versammelte sich, alle stumm), als *wäre (sei)* Sprechen in der Wüste strengstens verboten

226 (20) (immer wieder sah es aus) als *wäre (sei)* niemand hier *gewesen*

511 (27) (wir hingen in Hängematten, schwitzend), als *wäre (sei)* Schwitzen unser Lebenszweck

b) ohne „als" vor dem Finitum

40 (7) (ich als Schweizer könne das nicht beurteilen) er *sei (wäre)* im Kaukasus *gewesen*, er kenne den Iwan, der nur durch Waffen zu belehren *sei (wäre)*
(Wirkung von „wäre" hier für viele Informanten: mehr Umgangssprache? norddeutsch?)

45 (7) Unterscheidung nach Herrenmenschen und Untermenschen, wie's der gute Hitler meinte, *sei (wäre)* natürlich Unsinn

86 (9) sie weigert sich, Geld anzunehmen, es *wäre (sei)* ein Vergnügen für sie, daß ich lebe, daß der Lord ihr Gebet erhört habe

(hier könnte analog zu „wäre" auch „hätte" stehen, es ist aber „habe" gesetzt).

117 (10) Mein Düsseldorfer gab mir sofort den Fensterplatz wieder, geradezu besorgt: was denn *geschehen wäre (sei)*.

118 (10) Ich sagte, meine Uhr *sei stehengeblieben (wäre stehengeblieben)* und zog meine Uhr auf.

120 (10) Voraussetzung einer guten Zigarre, sagte er, *sei (wäre)* ein guter Tabak

122 (10) ... während man mit einem Jeep ohne weiteres hinkommt: sogar ein Nash, behauptete er, *wäre (sei)* schon durch diesen Dschungel *gefahren*.

358 (21) Ich wagte nicht einmal zu fragen, ob Hanna noch am Leben *sei (wäre)*

362 (21) vielleicht aus Angst, er würde mir sagen, Hanna *sei (wäre)* nach Theresienstadt *gekommen*

518 (28) sogar das Gerücht, die Plantage jenseits der Grenze *sei (wäre)* seit Monaten *verlassen*, regte uns nicht auf

612 (32) ... meint man jedesmal, man *sei (wäre)* am Meer

620 (33) Als ich Herbert weckte, schoß er auf. Was los *sei (wäre)*?

654 (34) seine wohlmeinende Frage, ob das Fräulein meine Braut *sei (wäre)*

655 (34) wir sollten verstehen: die Schweiz *sei (wäre)* ein kleines Land ...

695 (35) Das *sei (wäre)* keine Schande, sagte sie

740 (37) Ich fragte ihn, ob er Kommunist *sei (wäre)*.

801 (40) ... die uns sagten, ihr Señor *sei (wäre)* tot.

805 (40) Ihr Señor *sei (wäre)* tot, sagten sie

837 (41) Nur Hanna machte sich immer noch Zweifel, ob es denn richtig *wäre (sei)*, daß wir heirateten

III „sei" nicht ersetzbar durch „wäre"
368 (22) Gott *sei* Dank

8 A 4   Nicht ersetzbares „wäre"; konditionaler Konjunktiv

In *Gruppe I* („wäre" nicht durch „sei" ersetzbar) ist leicht zu greifen, welche besondere Information hier durch „wäre" gegeben wird: die betr. Aussage soll nur als *Denkmöglichkeit* hingestellt werden — im Gegensatz zu dem, was wirklich geschieht oder geschehen ist. „Es *wäre* alles anders gekommen" — dann *ist* es eben *nicht* anders gekommen. „Wie es *wäre*, wenn es keine Motoren mehr gäbe" — es *gibt* aber die Motoren, eine Zeit ohne sie ist zwar denkbar, aber für uns nicht wirklich, usw.

Wir haben den *Irrealis* der traditionellen Grammatik. Dabei zeigen Gegenproben, daß das einfache Finitum „*wäre*" durchaus noch nicht irreal im strengen Sinn sein *muß*. Wenn jemand sagt, „es *wäre* schön, wenn du kommen *könntest*", so ist das Kommen durchaus möglich, nur wagt man noch nicht, es als wahrscheinlich oder gar als bestimmt eintretend zu bezeichnen. Irrealität ist erst gegeben bei der Verbindung mit dem Partizip, also beim Konjunktiv II zum Perfekt (traditionell „Konjunktiv Plusquamperfekt"): „es *wäre* schön *gewesen*". Dann ist nämlich die Möglichkeit ungenutzt vorbeigegangen, und man kann nur noch die „Denkmöglichkeit für damals", also Irrealität konstatieren.

Kurz gefaßt: der Konjunktiv II in diesem Gebrauch hat den semantischen Wert „als *Denkmöglichkeit hingestellt*"; zusammen mit dem Partizip (also im Perfekt) ist der semantische Wert „als *früher denkmöglich, als denkmöglich gewesen* hingestellt". Wir sprechen hier von **k o n d i t i o n a l e m   K o n j u n k t i v**

8 A 5   Gegenseitige Vertretbarkeit von „wäre" und „sei"; referierender Konjunktiv; der Begriff „Inhaltssatz"

In Gruppe II b („*wäre*" durch „*sei*" ersetzbar und umgekehrt) haben wir zunächst die *indirekte Rede.* Wir müssen aber offenbar diesen Begriff weiter fassen als die traditionelle Grammatik: auch der „indirekte Fragesatz", auch der „indirekte Ausdruck eines Gedankens" gehört dazu.

Der Beweis läßt sich leicht durch Proben führen:

40 (7)   er *sei* im Kaukasus gewesen — ich *bin* im Kaukasus gewesen

86 (9)   es *wäre* für sie ein Vergnügen — Es *ist* für mich ein Vergnügen

117 (10)   was denn geschehen *wäre*? — Was *ist* denn geschehen?

Wichtig ist offenbar: ein Ausspruch, eine Frage, ein Gedanke, ein Eindruck *wird nicht so wiedergegeben, wie er aus dem Munde des Sprechenden gekommen ist oder gekommen sein könnte*, sondern *eingebettet in den Rahmen einer Aussage über die Aussage, die Frage, den Gedanken, den Eindruck.* Mit dieser „Rahmen-Aussage" ist auch die Gültigkeit der eingebetteten Aussage, des eingebetteten Gedankens gegeben.

An diesem selber ist solche Gültigkeit *nicht mehr* ablesbar. Die „Gewähr für die Richtigkeit" ist aus dem „Rahmen-Ausdruck" abzulesen; d. h. sie ist nicht „selbstverständlich", sondern nur gegeben durch den Sprecher, der hinter diesem Rahmenausdruck steht.

Wir sprechen hier in einer vorläufigen Weise von „ I n h a l t s - s ä t z e n "; eine genaue Analyse erfolgt in Teil III. Paradebeispiel ist der Bericht in der Zeitung. „Der Sprecher der Firma hat erklärt, es *seien* keinerlei Unregelmäßigkeiten vorgekommen." Daraus zieht niemand den Schluß, auch die *Zeitung*, d. h. der Verfasser des Berichts, sei davon überzeugt, daß keinerlei Unregelmäßigkeiten vorgekommen seien. Es ist klar ersichtlich, daß die Aussage des „Sprechers der Firma" gegeben wird, *nicht* eine Aussage, hinter der auch der Verfasser des Berichtes stehen muß.

Es ist hier wieder zu beachten, wie schon beim Imperativ (vgl. oben S. 94), daß die beiden Konjunktive, die wir hier untersuchen, zwar solche Informationen signalisieren (oder signalisieren helfen), daß sie aber keineswegs die *einzig möglichen* Signale dafür sind. Der obige Beispielsatz könnte auch lauten: „Der Sprecher der Firma hat erklärt, daß keinerlei Unregelmäßigkeiten vorgekommen *sind*". Die Information ist die gleiche.

Bei aller gebotenen Einschränkung und Vorsicht können wir aber doch sagen, daß wir hier auf eine wichtige und sehr häufige Signalfunktion der Konjunktive gestoßen sind — nach Aussage unseres Materials vor allem des Konjunktivs I. Wir können formulieren: *„ausdrückliche Nicht-Übernahme der (normalerweise bei einer Aussage angenommenen) Gewähr für die Richtigkeit".* Wir sprechen hier von r e f e r i e r e n d e m K o n j u n k t i v.

8 A 6 Irrealer Vergleich; Überblick

Zu Gruppe IIa finden wir zwei weitere völlig äquivalente Ausdrucksweisen: (Gruppe II a: „als *sei* es . . . , als *wäre* es . . ."):
Er hörte zu, *als sei (wäre)* man eine Autorität
        als ob man eine Autorität *sei (wäre)*
        wie wenn man eine Autorität *wäre*
Semantischer Wert: Es wird etwas vorgeführt als Annahme, die vielleicht naheliegt, aber hier gerade *nicht* gelten soll. Probe darauf:

A. reagiert, als *habe (hätte)* B. ihn angegriffen — B. *hat* aber den A. gar nicht angegriffen.

Wir könnten auch von einem *Konjunktiv der abgelehnten Annahme* sprechen. Wir haben den „irrealen Vergleichssatz" oder „irrealen Modalsatz" der traditionellen Grammatik.

Soweit haben wir mit unserer Gruppenbildung (die auf der verschiedenen Ersatzmöglichkeit und dem Vorkommen oder Nichtvorkommen von „*als*" beruhte), offensichtlich wichtige Klassen der Nomostruktur getroffen; die vollständige Behandlung dieser Klassen gehört in den Teil III „Relationen von Aussagen", sie ist ein Kernstück der zu entwickelnden Nomosyntax. Wir müssen sie aber hier schon in den Blick fassen, weil offensichtlich die (morphostrukturelle) Kategorie „Konjunktiv" als Träger (Signal) für diese semantischen Werte wichtig ist.

8 A 7 Zurückstellen von Randphänomenen

Etwas anders präsentiert sich Gruppe III (nicht durch Konjunktiv II ersetzbarer Konjunktiv I). Sie umfaßt nur ein einziges Beispiel, und es erscheint formelhaft; der Inhalt ist offenbar „wir *wollen* Gott danken"; Gegenproben in dieser Richtung ergeben etwa: „das *sei* unser Zeichen" (= das wollen wir als unser Zeichen betrachten, das soll unser Zeichen sein); „man *nehme* 100 gr. Mehl und 2 Eier" (= man soll nehmen, man nimmt — wenn man etwas bestimmtes herstellen will).

Es scheint, daß wir mit Gruppe III eher auf Randphänomene stoßen. Wir vernachlässigen daher vorläufig diese Gruppe III sowie weitere Möglichkeiten, die uns spontan dazu einfallen können („*koste es, was es wolle*", „g *sei* eine Gerade, A *sei* ein Punkt im Abstand x von der Geraden g", „es *sei* einmal gesagt", „*wäre* er doch hier", „so, das *wäre* geschafft, jetzt können wir weitergehen"). Wir werden diese Gruppen später wieder aufgreifen (S. 116—118).

8 A 8 Ersetzbarkeit von „ist" durch „sei" und/oder „wäre"

Wir wenden uns nun zu den Sätzen im *Indikativ* und prüfen, inwiefern der Indikativ durch Konjunktiv ersetzbar ist und ob und welche Informationsänderungen sich dabei beobachten lassen. Wir wählen wieder den Anfang von „Homo Faber", beschränken uns aber aus praktischen Gründen auf die ersten 14 Beispiele, die wir antreffen; sie genügen, um das Wesentliche zu zeigen.

47 (7) Ich mag die Deutschen nicht, obschon Joachim, mein Freund, auch Deutscher *gewesen ist.*

Wenn man hier *„sei"* einsetzt, müßte man fortfahren: ..., *wie man mir sagte — wie man mir vorhielt.*

Wenn man *„wäre"* einsetzt (was ziemlich unüblich klingt), wäre zu erläutern: *obwohl man mir entgegenhalten könnte, mein Freund Joachim sei doch auch Deutscher gewesen.*

59 (7) Sein Gesicht (rosig und dicklich, wie Joachim nie *gewesen ist)* erinnerte mich doch an Joachim.

Ein *„sei"* (das ähnlichen Wert der nur indirekten Erfahrung mit sich brächte wie im vorhergehenden Beispiel) ist hier durch die ganze Situation ausgeschlossen, weil das Wort *„erinnerte"* auf direkte Erfahrung hinweist.

Ein *„wäre"* ist möglich und wäre zu kommentieren: *Joachim könnte sich ja auch geändert haben oder einmal anders gewesen sein — aber auch dann hätte er nie so ausgesehen wie mein jetziger Nachbar.*

66 (8) Ich wußte nicht, was los *ist.*

Hier erscheint durch Einsetzen von *„sei"* für *„ist"* erst die Normalform hergestellt; viele Informanten erklären, es müsse heißen „Ich *weiß* nicht, was los *ist"*, aber „Ich *wußte* nicht, was los *sei* (oder *„los war").* Die hier von Frisch gegebene Form „wußte nicht, was los *ist"* erscheint manchem störend (vom Linguisten vermuteter Grund: die Informanten vermissen hier die „ausdrückliche Nicht-Übernahme der Gewähr für die Richtigkeit" für die durch *„wußte nicht"* eingeleitete Aussage).

Wir haben also ein Beispiel für Gruppe II b, traditionell „indirekter Fragesatz", „Inhaltssatz" (vgl. oben S. 110). Mit den gleichen Einschränkungen wie für alle Beispiele von II b ist daher auch möglich: „Ich wußte nicht, was es *wäre".*

67 (8) Meine Hände schwitzten, obschon es in dieser Toilette geradezu kalt *ist,* draußen *ist* es heiß.

Auch hier kann man zunächst am Gegensatz von *„schwitzen"* (Präteritum) und *„ist"* (Präsens) Anstoß nehmen; ein Blick auf den Kontext zeigt, daß Frisch auf der ganzen Seite immer wieder zwischen Präteritum und Präsens wechselt, indem er Präteritum vor allem für erzählte Handlungen, Präsens für Zustände gebraucht.

Das erste „ist" läßt sich weder durch „sei" noch durch „wäre" ersetzen (weil durch den Gegensatz zu „meine Hände schwitzten" die Unmittelbarkeit der Erfahrung der Kälte gegeben ist). Das zweite „ist" läßt sich ersetzen durch „wäre"; dann wäre betont: wenn ich jetzt draußen wäre, wäre ich in der Hitze, nicht in der Kälte — und sähe einen äußerlichen Grund für das Schwitzen; das „draußen heiß sein" wäre dann als „nur denkmöglich" dargestellt, weil diese Hitze ja auch faktisch für den in der kalten Toilette sitzenden Faber nicht real ist — besser: weil es für ihn hier nicht darauf ankommt, ob sie real ist oder nur gedacht, nur denkmöglich.

106 (9—10) es ist sonst nicht meine Art, der letzte zu sein

„Es sei sonst nicht meine Art, mußte ich mir selber zur Entschuldigung sagen, ... " (also Umwandlung in indirekte Rede)

„Es wäre sonst nicht meine Art...": diese Fassung hebt noch stärker hervor, daß er sich entschuldigen will; er gibt zu, daß er hier nicht nach „seiner Art" gehandelt hat, und stellt dem gegenüber sein normales Handeln nur als „denkmöglich", nicht als „ohne besondere Einschränkung gültig" hin.

134 (11) er weinte immerfort, obwohl er Mathematiker ist

..., obwohl er Mathematiker sei wie er zugab (indirekte Rede), Ersatz durch „wäre" unter gleichen Bedingungen wie sonst bei indirekter Rede.

145 (12) unsere Maschine ist sogar imstande mit zwei Motoren zu fliegen

wäre... (bloße Denkmöglichkeit; das Eintreten des Falles ist weiter weggeschoben als in der Fassung mit „ist")

sei... als indirekte Rede („... hat man uns gesagt" „... versichern uns die Techniker")

157 (12) „Tampico", sagte ich, „das ist die dreckigste Stadt der Welt. Wenn man „sei" einsetzt, muß man hinzufügen „..., behauptet man, und das ist wahr/nicht wahr" oder ähnlich; wenn man „wäre" einsetzt, wird das entweder auch als indirekte Rede verstanden, wie mit „sei", oder man versteht, Tampico sei gar nicht so schlimm, es wäre so einzustufen nur, wenn das und das nicht berücksichtigt werde ...

164 (12) ..., was sonst nicht meine Art ist

Ersatz wie 106

170 (13) Vielleicht war der Flughafen von Tampico zu klein für unsere Super-Constellation (damals *ist* es eine DC 4 gewesen) oder . . .

Damals *sei* es eine DC 4 gewesen, erinnerte ich mich (indirekte Rede)

Damals *wäre* es eine DC 4 gewesen, . . . (auch nur als indirekte Rede; Irrealität ist ausgeschlossen, denn die damalige Landung *hat* stattgefunden).

171 (13) was sonst, wie gesagt, nicht meine Art *ist*

Vgl. 106 und 164

220 (15) es kam natürlich keine Treppe angerollt, wie man's gewohnt *ist*, . . .

Ein „*sei*" ist ausgeschlossen; „*wäre*" ist möglich, es gibt etwas wie ein understatement (*wie es sonst ja sein müßte, aber hier natürlich nicht sein kann*)

237 (16) Es *ist* nicht auszudenken, wie alles anders gekommen wäre

Ein „*sei*" verwandelt in indirekte Rede („*es sei . . . . sagte ich mir immer wieder*")

„*wäre*" relativiert sehr stark, ja verwandelt die negative Aussage ins Gegenteil (es wäre dann *doch* unter gewissen Bedingungen auszudenken)

239 (16) Es war mehr als ein Zufall, daß alles so gekommen *ist*.

Obwohl ein Inhaltssatz gemäß S. 110 vorliegt, sind „*sei*" wie „*wäre*" in diesem Kontext *nicht* möglich; weder die Nichtübernahme der Gewähr (durch „*sei*") noch die Kennzeichnung als nur denkmöglich (durch „*wäre*") sind mit der hier gemachten Aussage vereinbar.

8 A 9 Zusammenfassung und Verallgemeinerung für „ist — sei — wäre"

Aus Proben dieser Art, die man beliebig vermehren kann, geht hervor:

1) Der Konjunktiv I und ebenso der durch ihn ersetzbare Konjunktiv II werden verstanden als Signal der indirekten Rede, der Kennzeichnung des Dargestellten als „nicht unmittelbar erfahren, sondern nur als Inhalt von Reden, Auffassen, Denken hingestellt"; demgemäß entfällt ausdrücklich die (normalerweise unterstellte) Gewähr für die Richtigkeit des Gesagten; der

Wegfall dieser Gewähr (besser: die Nicht-Übernahme) *braucht* keineswegs irgend einen Zweifel an der Geltung der Aussage zu enthalten; wenn aber ein solcher Zweifel nach dem Textzusammenhang an einer bestimmten Stelle stören würde, ist auch kein Konjunktiv möglich.

2) Der Konjunktiv II — wenn er nicht aus dem Zusammenhang als funktionsgleich mit dem Konjunktiv I erscheint — wird so verstanden, daß der Verb-Inhalt als „nur denkmöglich oder nur denkmöglich gewesen" aufgefaßt wird; es wird nicht nur keine Gewähr für „nicht eingeengte Geltung" übernommen, sondern die Geltung wird ausdrücklich eingeschränkt, bis hin zur Irrealität, wo der Konjunktiv II einem verneinten Indikativ äquivalent ist („es *ginge* wohl, aber es *geht* nicht"). Eine hübsche Illustration für diesen Grundcharakter ist der Gebrauch von Konjunktiv II durch Kinder im Spiel, wenn fiktionale Orte gesetzt oder Rollen zugewiesen werden: „Das *wäre* das Haus, hier *wäre* der Garten, ich *wäre* der Polizist, und nun . . . "

3) Den Indikativ betrachtet man am besten als „unmarkierte Form", der gegenüber den beiden Konjunktiven (den „markierten Formen") als neutral zu betrachten ist (dasselbe werden wir für das Präsens gegenüber den anderen Zeitformen sehen). Mit Hilfe des Indikativs als „unmarkierter Form" und andersartiger „Markierungen" kann man daher das meiste auch ausdrücken, wofür man sonst die Konjunktive gebraucht. Für die Inhaltssätze aller Art ist das schon demonstriert worden („Sie zweifelt, ob es richtig *sei* — sie zweifelt: *ist* es richtig?" „Man sagt, es *sei* falsch — man sagt: es *ist* falsch." „A *sei* krank, sagt man — A *ist* vermutlich krank, man sagt es jedenfalls"). Für den Ausdruck des nur Denkmöglichen ist es etwas umständlicher, aber es ist möglich: „Er *käme* gerne"; erläutert: Er kommt gerne, aber die Wahrscheinlichkeit, daß er kommen kann, ist sehr gering. „Er *hätte* es *getan*"; erläutert: „Er hatte die Absicht, es zu tun, aber er konnte es nicht, etwas hat ihn daran gehindert."

4) Ein Unterschied des Wertes für den Konjunktiv I und II in den irrealen Vergleichssätzen (als *sei* . . . als *wäre* . .) und in den Inhaltssätzen *kann* daraus entnommen werden, daß der Konjunktiv II in anderen Zusammenhängen das „nur denkmöglich" kennzeichnet; so kann man sich erklären, daß der Konjunktiv II für manche Informanten auch in der indirekten

Rede die „Nicht-Übernahme der Gewähr für die Richtigkeit"
noch stärker betont als der Konjunktiv I (Genaueres darüber
im Kapitel 9).

8 A 10   Betrachtung der Randgruppen

Es bleibt uns noch, von der gewonnenen Sehweise aus auf die klei-
neren z. T. fachsprachlich gebundenen, z. T. formelhaften Gruppen
(s. oben S. 111) einen Blick zu werfen.

8 A 10.1   Konjunktiv II für zweifellos Erfolgtes

Am wenigsten fachsprachlich beschränkt erscheint der Gebrauch
von Konjunktiv II, wo nicht etwas nur Denkmögliches, sondern etwas
Tatsächliches, ja schon real Erfolgtes gemeint ist: „Das *wär's* für
heute" heißt ja: „Das *ist*, was wir uns für heute vorgenommen haben." „Da *hätten* wir es ja" heißt: „Da *haben* wir es ja." Das Besondere der Ausdrucksweise ist ein gewisses Zurücknehmen der Wich-
tigkeit, eine Art Understatement, oft auch einfach ein Ausdruck der
Höflichkeit (*Könnten Sie vielleicht etwas zur Seite rücken* statt einfach: *Rücken Sie doch etwas zur Seite!*). Eine Erklärung für diese Wirkung kann darin gefunden werden, daß die Verbalform, die sonst
den Wert „nur denkmöglich" oder jedenfalls „ohne Gewähr für die
Richtigkeit" hat, nun gerade da gebraucht wird, wo die Faktizität oder
der Aufforderungscharakter aus der ganzen Situation heraus unmiß-
verständlich sind. Hierher gehören auch die Ausdrücke, mit denen
man oft eine Antwort, ein Diskussionsvotum einleitet: „Ich würde
sagen – Ich würde meinen" – wo man ja *tatsächlich* etwas meint und
etwas sagt.

8 A 10.2   Kaum erfüllbarer Wunsch

Schon näher am Formelhaften ist der Konjunktiv II in dem, was
man den „vermutlich unerfüllbaren Wunsch" nennen kann: „*Wäre* er
doch da" „*Käme* doch nur jemand". Hier sind fast immer die nichtverbalen Einheiten „*doch*", „*nur*", „*endlich*" beteiligt. Die gleiche Information kann auch durch Wenn-Satz gegeben werden: *Wenn er
doch endlich käme! Wenn er nur da wäre!* In beiden Fällen kann man
einen anschließenden Teilsatz dazudenken: *dann wäre es gut – dann*

hätten wir, was wir wünschen. Damit läßt sich dieser Gebrauch auch vom konditionalen Konjunktiv her verstehen.

8 A 10.3 *Irrelevanz*

An einen besonderen Satztyp gebunden (vielleicht mit dem heute nur noch formelhaft vorhandenen wünschenden oder zulassenden Konjunktiv I zu verknüpfen, vgl. 8 A 10.6) ist der Konjunktiv für den Ausdruck der Irrelevanz: „Wir bleiben hier, *komme* was da *wolle*" (= es mag kommen, was da will, es wird uns nicht von unserm Entschluß abbringen). Auch hier kann Ähnliches ohne Konjunktiv erreicht werden: *Ob einer kommt oder nicht, wir bleiben hier.* Bei Gebrauch von Konjunktiv II ist ohne jede Informationsänderung die Transformation in einen wenn-Satz möglich („Wir kommen durch, *wäre* auch alles gegen uns verschworen" = „*wenn auch* alles gegen uns verschworen *wäre*").

8 A 10.4 *Mathematische Setzung*

Ein bekanntes Phänomen ist der Gebrauch des Konjunktiv I bei der Formulierung mathematischer Aufgaben: „A *sei* ein Punkt, g_1 und g_2 *seien* zwei Geraden, die . . .". Der Gebrauch läßt sich ohne Mühe an den Konjunktiv I in Inhaltssätzen anschließen: *Wir nehmen an . . . , Wir wollen annehmen, A sei . . .* Allerdings ist der Gebrauch so verfestigt, daß ein durchschnittlicher Sprachteilhaber wohl kaum spontan solche übergeordnete Ausdrücke wie „Wir nehmen an . . . " ergänzt.

8 A 10.5 *Anleitungen*

Kaum möglich ist solche Ergänzung beim Konjunktiv I in Anleitungen, vor allem in Kochbüchern („Man nehme . . . "). Der Gebrauch erscheint heute isoliert. Die meisten Anleitungen, auch Kochrezepte, werden im Indikativ oder durch verbale Wortketten im Infinitiv gegeben: „Das Gemüse *wird zerkleinert* und . . . " „das Fleisch leicht *anbraten* . . .".

Bei Betrachtung früherer Sprachzustände läßt sich vermuten, daß wir hier einen erstarrten Rest eines früher häufiger benützten Konjunktivs der Aufforderung haben („man *nehme* = man *soll nehmen*").

8 A 10.6 *Formelhaftes (Wunsch, Wille)*

Als letztes, wohl mit 8 A 10.5 historisch zu verbinden, wenn das auch synchron keineswegs mehr so ist, sind die formelhaften und

altertümlich klingenden Wendungen einzuordnen: „Gott *sei* Dank"
„Das *sei* dir verziehen" „Er *möge eintreten*" usw.

8 A 11 Historisch-geographische (diachrone) Erklärung für das Nebeneinander beider Konjunktive in Inhaltssätzen

Das Nebeneinander von Konjunktiv I und II in der indirekten Rede wird oft in Verbindung gebracht mit der Deutlichkeit oder Undeutlichkeit der Phonomorphie (der lautlichen Darstellung). Man formuliert dann als Regel: „Wenn der Konjunktiv I sich vom Indikativ lautlich unterscheidet, so benutzt man ihn; wenn er sich nicht vom Indikativ unterscheidet, benutzt man an seiner Stelle Konjunktiv II".
Man stellt demgemäß folgendes „Misch-Paradigma" auf:

Sie sagen, ich *nähme* mir zuviel heraus (II, weil „*nehme*" = Indikativ)
  du   *nehmest* dir   „   „   (I, weil Indik. „*nimmst*")
  er   *nehme* sich   „   „   (I, weil Indik. „*nimmt*")
  wir/sie   *nähmen* uns/sich   „   (II, weil „*nehmen*" = Indik.)
  ihr   *nehmet* euch   „   „   (I, wenn als Indik. nur „*nehmt*"
                                          betrachtet wird, sonst wird
                                          hier „*nähmet*" gesetzt)

Das Paradigma entspricht nicht dem Sprachgebrauch, den wir heute vorfinden, und die Regel wird keineswegs eingehalten, wie schon die Beispiele aus dem „Homo Faber" von Frisch zeigen. Es liegt auch nicht etwa eine Eigentümlichkeit schweizerischer Schriftsteller vor. Bei Eichendorff liest man (Taugenichts, Kap. I): „Sodann kam eine Kammerjungfer gerade auf mich los und sagte: ich *wäre* ein scharmanter Junge, und die gnädigste Herrschaft *ließe* mich fragen, ob ich hier als Gärtnerbursch dienen wollte".
Bei dem Norddeutschen Storm liest man (Pole Poppenspäler, Anfang): „... daß mich der Subrektor fragte, ob ich vielleicht wieder eine Nähschraube ... gedrechselt *hätte*" (gemäß der Regel, da „*habe*" = Indikativ). Aber zwei Seiten weiter liest man: „Zumal Frau Paulsen mir wiederholt versicherte, ich *habe* gerad ein so lustiges Naserl wie ihr Josef" (entgegen der Regel). Nun könnte man sagen, Storm habe hier die süddeutsche Sprechweise der Frau Paulsen kennzeichnen wollen. Er sagt aber auch in ganz neutraler Erzählsituation: „(Sie nahm schweigend meinen Arm), als verstehe es sich von selbst, daß ich das

Abendbrot *besorge"* (nach der Regel *„besorgte"*, entweder als Konjunktiv II oder als Indikativ der Erzählung). Und an einer weiteren Stelle: „Da erzählte ich ihm, wie ich vorhin sein Lisei aufgefunden *habe* (gemäß der Regel *„hätte"*, da *„habe"* gleich lautet wie der Indikativ).

Das Schwanken (Konjunktiv II gegen die Regel, aber auch Konjunktiv I gegen die Regel, vor allem für die 1. Person Singular) geht, wie alle genaueren Beobachtungen zeigen dürften, durch das ganze deutsche Sprachgebiet.

Eine Erklärung findet man, wenn man auf die Verhältnisse in den Mundarten achtet. In südlichen Mundarten, z. B. in der Schweiz, sind beide Konjunktive lautlich noch heute klar voneinander unterschieden; ich gebe als Beispiel „kommen":

Indikativ	Konjunktiv I	Konjunktiv II
er chunt	*er chöm(i)*	*er chäm / er chiem(ti)*
ich chum(e)	*ich chöm(i)*	*ich chäm / chiem(ti)*
du chunsch	*du chöm(i)sch*	*du chämt(i)sch / chiemtisch*

In anderen deutschen Mundarten, vor allem in nördlichen und westlichen, gibt es nur noch den Indikativ und den Konjunktiv II, sogar für das Verb „sein". So schreibt Stefan Andres in seinen Kindheitserinnerungen, wo er Eifeler Mundart antönt: „Das Männchen fragte mich, wo ich her*käm*. Es fragte, wie ich in den Bach hineingekommen *wär.*"

Wenn man diese verschiedenen Mundartverhältnisse betrachtet (Konjunktiv I z. T. noch ganz deutlich, z. T. ganz aufgegeben), dann hält die Gemeinsprache in ihrer Phonomorphie etwa die Mitte, und das wenig geregelte Nebeneinander beider Konjunktive wird als Mischungs- und Ausgleichsvorgang verständlich (z. T. als Überkorrektheit oder „gemeindeutsch wirken wollen", so wenn Gottfried Keller oder Max Frisch „wäre" statt „sei" setzen). Die Schulregel erscheint als ein Versuch der Systematisierung, gestützt auf die Verhältnisse der heutigen Phonomorphie und mit dem Ziel, die indirekte Rede auf jeden Fall von der direkten abzuheben. Diese Schulregel hat sich aber nicht allgemein durchgesetzt, weder im Norden noch im Süden, und sie hat auch einen offenbaren Nachteil, da sie zu Mißverständnissen führen kann. „DPA meldete, die Delegierten *hätten* zugestimmt": heißt das, daß sie zugestimmt *haben*, oder daß sie nur zugestimmt *hätten*, wenn nämlich gewisse Bedingungen erfüllt gewesen wären? Es empfiehlt sich daher, in solchen Fällen auf die Schulregel zu verzichten und eine andere Konstruktion (mit „daß") zu wählen — oder auf den Singular auszuweichen („die Delegiertenversammlung *habe* zugestimmt"). Zum ganzen Problem der Konjunktive vgl. Siegfried Jäger, „Der Konjunktiv in der deutschen Sprache der Gegenwart. Untersuchungen an ausgewählten Texten", 1971, und die Analysen in Teil III dieser Grammatik.

Aufgaben zu 8

8 B 1 Bestimmen der Konjunktive in gegebenen Texten

Bestimmen Sie alle Konjunktive in folgenden Texten und überprüfen Sie daran das in diesem Kapitel Ausgeführte.

8 B 1.1 R. Lepsius

In der Figur des Staatsexamens wird ihr für einzelne Bereiche diese Verantwortung formal abgenommen, sie sollte sich noch mehr abnehmen lassen. Die Universität kann nur Autonomie beanspruchen dafür, daß das, was an ihr gelehrt wird, unter den selbstbestimmten Kriterien der Wissenschaftlichkeit gelehrt wird; nicht aber sollte sie für sich Autonomie beanspruchen, zu bestimmen, welche Lehrinhalte auf dem Arbeitsmarkt verwertbar und nützlich sind. Zur Entwicklung solcher Studiengänge und ihrer beständigen Anpassung an veränderte Bedürfnisse sind weder Universitäten und ihre Professoren und Studenten noch die Bürokratien von Kultusministerien ausreichend informiert und legitimiert. Hier bedarf es der Entwicklung ganz neuer Vermittlungsorgane zwischen den Universitäten und der Gesellschaft, wobei sicherlich den Universitäten ein großer Einfluß gebührt. Sie müßten etwa das Recht haben, die Übernahme von Studiengängen zu verweigern, die ihrem gewünschten Inhalt nach nicht den Kriterien der Wissenschaft folgen. Es dürften ihnen auch von Kultusministerien keine Ausbildungsgänge oktroyiert werden, für die sie keine Kapazitäten haben oder die sie inhaltlich nicht wissenschaftlich vertreten zu können glauben. Die Universitäten müssen auf eine Spezifizierung der Normen drängen, für die sie Autonomie beanspruchen, wollen sie nicht durch Eingriffe auf Gebieten, die sie selbst nicht verantworten können, um ihre ganze Autonomie gebracht werden. Die Diffusität ihrer jetzigen weitgezogenen Verantwortlichkeit, etwa für die Konsequenzen einer allgemeinen Umstrukturierung des Bildungswesens, die wechselnden Bedürfnisse des Arbeitsmarktes, die Durchsetzung neuer Berufe, macht sie zum Adressaten für höchst komplexe soziale Konflikte und muß sie in eine schwere Legitimitätskrise führen, ohne daß dennoch sichergestellt wäre, daß diese

Konflikte auf eine rationale Weise institutionalisiert, ja überhaupt als solche sichtbar werden. Die Beschäftigung mit Wissenschaft ist an sich noch kein Wert, der die Lehrfunktionen einer Universität unter dem Postulat der Autonomie der Wissenschaft rechtfertigen könnte. Die Vorstellung, daß Wissenschaft gleichzeitig zu sozial relevanter Bildung verhelfe, kann diese Problematik nicht mehr vertuschen, weder in der neuhumanistischen Konstruktion von Wissenschaft als Methode verinnerlichter Selbstbefreiung noch in der neomarxistischen Konstruktion von Wissenschaft als praxisbegründende Aktivität politischer Emanzipation.

Es könnte der Eindruck entstehen, ich redete der Trennung von Forschung und Lehre das Wort. Ich bin mir wohl bewußt, daß dies der Probleme Lösung nicht sein kann. Die konsequente Lösung der Wissenschaft als Forschung aus der Universität als Lehranstalt hätte große Nachteile: die Diffusion der Forschungsergebnisse in die Gesellschaft würde verlangsamt und die Lehre einseitig den Bedürfnissen der Berufspraxis überantwortet. Worauf es mir hier aber ankommt, ist der Aufweis struktureller Konflikte in der Fusion von unterschiedlichen Funktionen in der Universität.

In: G. Schulz (Hrsg.), Was wird aus der Universität? Standpunkte zur Hochschulreform, 1969, S. 189 f.

8 B 1.2 ap-Meldungen vom 16. 12. 1969

Brandt drängt auf Einigung. „Europafragen lösen".

Bundeskanzler Brandt hat bei der Eröffnungssitzung des Aktionskomitees für die Vereinigten Staaten von Europa am Montag auf Fortschritte in den europäischen Fragen gedrängt. Auf der Tagung im Bonner Abgeordneten-Hochhaus erklärte Brandt, es müßten vor allem neue Wege und Verhandlungsformen gefunden werden.

Besonders erfreut zeigte sich der Kanzler über die Teilnahme einer englischen Delegation an der Konferenz des „Monnet-Komitees" in der Bundeshauptstadt.

Brandt appellierte an die Politiker, sich für eine qualifizierte Zusammenarbeit mit dem Ziel einer raschen Einigung Europas einzusetzen. Was die Bundesrepublik betreffe, so erlaube es ihr nationales Interesse nicht, sich zwischen West und Ost zu stellen. Die Bundesrepublik benötige vielmehr ein ausgewogenes Verhältnis zu ihren westlichen und östlichen Nachbarn.

An der zweitägigen Konferenz des „Monnet-Komitees" in Bonn nehmen neben der deutschen Delegation Vertreter Frankreichs, Belgiens, Großbritanniens, Italiens, Hollands und Luxemburgs teil. Im Mittelpunkt der Tagung steht eine allgemeine Diskussion über europäische Fragen sowie ferner die Annahme von Entschließungen, die den von der Haager Gipfelkonferenz getroffenen Entscheidungen Rechnung tragen sollen. Zu den deutschen Teilnehmern zählen neben Bundeskanzler Brandt, Bundesverteidigungsminister Schmidt, dem SPD-Fraktionsvorsitzenden Wehner auch der CDU-Vorsitzende Kiesinger sowie Vertreter der Gewerkschaften.

In seiner Eröffnungsrede erinnerte der Präsident des Aktionskomitees für die Vereinigten Staaten von Europa, Jean Monnet, an die große Aufgabe, die sich die Mitglieder dieser Organisation gestellt hätten, „eine Aufgabe, die schon die Länder des westlichen Kontinentaleuropas einander näher gebracht hat", erklärte Monnet unter Hinweis auf die Überwindung der einstigen Kluft zwischen Deutschland und Frankreich.

Als nächster Schritt stehe die „Vereinigung Großbritanniens mit Europa" bevor. Schließlich sei das Hauptanliegen der gesamten Bewegung, zur Sicherung des Friedens zwischen Ost und West beizutragen.

Union bereit zur Zusammenarbeit mit der Regierung.

Zwischen der Bundesregierung und der Opposition zeichnet sich die Möglichkeit einer weitgehenden haushalts- und konjunkturpolitischen Zusammenarbeit ab.

Nachdem Bundeskanzler Brandt angekündigt hatte, er werde Mitte Januar in seinem „Bericht zur Lage der Nation" modifizierende Akzente in wirtschaftlicher und finanzieller Hinsicht setzen, bot der stellvertretende CDU/CSU-Fraktionsvorsitzende, der frühere Forschungsminister Stoltenberg, für einen solchen Fall sachdienliche Diskussionen über die öffentlichen Ausgaben des nächsten Jahres an.

Stoltenberg wiederholte in diesem Zusammenhang den schon öfter von der Union an die Adresse der Regierung gerichteten Vorwurf, sie habe kein klares konjunkturpolitisches Konzept und lasse es insbesondere an einer Abstimmung von Konjunktur-, Steuer- und Finanzpolitik fehlen. Er forderte Brandt auf, die „schleifenden Zügel der Konjunkturpolitik" wieder in die Hand zu nehmen. Wenn die Regierung ihre falschen Ankündigungen und Signale „korrigiere", werde die Opposition ihrerseits zu „aufgeschlossenen Sachdiskussionen" über die Ausgabenpolitik bereit sein.

Mit besonderer Sorge betrachte die Opposition die absehbare Steigerung des Haushaltsvolumens für das kommende Jahr um mehr als zehn Prozent auf über 90 Milliarden Mark. Eine Zuwachsrate von mehr als sechs oder sieben Prozent könne nicht als konjunkturgerecht angesehen werden. Insbesondere kritisierte Stoltenberg die geplante Verdoppelung des Arbeitnehmerfreibetrages und den Abbau der Ergänzungsabgabe. Die Zeit für Steuersenkungen sei noch nicht gekommen, erklärte Stoltenberg für die Union. Nach seiner Rechnung machen die haushaltswirksamen Initiativen der Regierung und der Koalition einen Betrag von 4,06 Milliarden Mark aus, wogegen die Anträge der CDU/CSU Belastungen von nur 3,145 Milliarden Mark mit sich brächten. Ein Sprecher der FDP-Bundestagsfraktion erklärte zu den Ausführungen Stoltenbergs, die Opposition wolle offenbar die Öffentlichkeit darüber hinwegtäuschen, „daß viele Schwierigkeiten auf die Politik des ehemaligen Bundesfinanzministers Strauß zurückzuführen" seien. Die CDU/CSU könne die angebotene sachliche Zusammenarbeit am besten dadurch beweisen, daß sie im Bundestag keine „Propaganda-Anträge" mehr stelle und sich auf Verbesserungen beschränke, „die auch finanziell zu verkraften sind".

8 B 2 Zur Deutung der Konjunktive als Stilmittel

Diskutieren Sie im Licht des in diesem Kapitel Bearbeiteten die folgende Analyse des Konjunktiv-Gebrauchs bei Musil.

Wer die Entwicklung der deutschen Sprache verfolgt, kann in neuerer Zeit ein deutliches Zurücktreten des Konjunktivs zugunsten indikativischer Aussageweisen beobachten — in der Umgangssprache vor allem, aber auch im Schriftdeutsch und selbst in poetischen Texten. Daß durch Abschwächung der alten Endsilben unser Konjunktiv vielfach den indikativischen Formen gleichlaute und seine Kontur sich dadurch im Sprachbewußtsein verwischt habe, reicht allein wohl nicht aus, das zu erklären. Ebensowenig genügt offenbar der bloße Hinweis auf ein gewandeltes Stilgefühl, das den konjunktivischen Modus als altertümlich oder gekünstelt empfinden und ablehnen mag. Wenn im Sprachgebrauch geistige Haltungen sich bezeugen, die zwar an der Sprache ablesbar sind, das sprachliche Verhalten aber übergreifen, so müßte auch der Schwund des Konjunktivs auf tiefere Veränderungen deuten, auf ein Zurücktreten jener Möglichkeiten menschlichen Verhaltens zur Welt, die in eben diesem Modus beschlossen liegen. Um ihnen nachzugehen, greife ich zu den Texten Robert Musils, die sich von der allgemeinen Befreundung mit dem Indikativ auf bemerkenswerte Weise absetzen und mit ihrer Anhänglichkeit an den Konjunktiv eine bis heute lebendige Eigenart des österreichischen Sprachgebrauchs spiegeln. Sein Roman *Der Mann ohne Eigenschaften* enthält eine solche Fülle konjunktivischer Aussagen von unterschiedlicher Form und Bedeutung, daß er geradezu als eine Art Zufluchts- und Pflegestätte dieses mißliebig gewordenen Modus erscheint.

Konjunktive häufen sich in Musils Erzählung vor allem dort, wo die sprechende Figur eine fremde Meinung wiedergibt. Ulrich, der Held des Romans, erklärt: *Man sagt, es könne in diesem Zustand nichts geschehen, was nicht mit ihm übereinstimmte*, und zeigt mit seinem Konjunktiv, daß er landläufige Meinungen nicht ohne weiteres akzeptiert, das scheinbar Gegebene nicht ungeprüft als gegeben hinnimmt. In gleicher Weise sind der Erzähler und seine Figuren geneigt, auch die eigene Meinung, eigene Äußerung konjunktivisch zu fassen. *Es ließe sich von vielem sagen, daß . . .*, bemerkt der Erzähler. Oder: *Der Grund könnte in der Erweckung . . . liegen; aber damit wäre freilich die Frage . . . .* Entsprechend

Ulrich: *Ich könnte mir denken, daß man . . . hinwegkäme . . . . Oder: Ich glaube, man könnte wohl davon sprechen, daß es . . . möglich sein müßte . . . . Und ebensogut ließe sich von jedem Bild sagen, daß es ein Gleichnis wäre.* Oder Ulrichs Schwester Agathe: *Sollte man nicht beinahe sagen können, je unähnlicher ein Bild sei . . . .* Solche Konjunktive setzen die Äußerung gleichsam in Klammern. Sie bezeichnen eine vorsichtige Zurückhaltung im Denken und Sprechen, die nichts als unabänderliche, gewisse Tatsache nimmt, sondern die Satzaussage zur Erwägung stellt: sie gewissermaßen versuchs- und probeweise behandelt und andere Möglichkeiten offenläßt. Wir geraten auf eine Spur.

Mit auffälliger Häufigkeit begegnet der Konjunktiv oder seine Umschreibung im Konditionalgefüge. *Es wäre Haß gewesen, was Diotima in diesem Augenblick gegen ihren Gatten empfand, wenn sie des Hasses — einer niederen Regung! — überhaupt fähig gewesen wäre.* Niederer Regungen ist Diotima nicht fähig. So muß die konjunktivische Aussageform den bedingenden Gliedsatz ins Irreale stellen (*wenn sie fähig gewesen wäre*), den bedingten Hauptsatz (*Es wäre Haß gewesen*) als gegenstandslos bestimmen. Warum also diese ganze Konstruktion? Der Erzähler will Diotimas Verhältnis zu ihrem Mann charakterisieren, das für ihre jetzt einsetzende Beziehung zum Dr. Arnheim ein wichtige Voraussetzung abgibt. Ein bestimmter vorgegebener Sachverhalt wird erläutert dadurch, daß die durch ihn bereitgestellten Möglichkeiten ausgeführt werden, die de facto doch durch hinzutretende Umstände gehindert sind, sich als Wirklichkeit durchzusetzen. ‚Die Lage ist so, daß dieses einträte, falls . . .‘.

A. Schöne, Zum Gebrauch des Konjunktivs bei Robert Musil. In: Interpretationen, Bd. 3, Deutsche Romane von Grimmelshausen bis Musil, 1966, S. 290—291.

9 Das Futur und seine Kombination mit den Konjunktiven

9 A 1 Präsentation in der traditionellen Grammatik

Die traditionelle Grammatik teilt folgendermaßen ein:
er *wird* sein = Futur Indikativ
er *werde* sein = Futur Konjunktiv
Für „er *würde* sein", das formal in diesem Rahmen als „Futur Konjunktiv Imperfekt" gekennzeichnet werden könnte, hat man die Bezeichnung „Konditional", und man stellt diese Form außerhalb des schönen Schemas von 2 mal 3 Zeitformen und 2 Modusformen (vgl. oben S. 104).

9 A 2 Material für die Analyse, erster Überblick

Auch hier stellen wir, um vorgefaßte Urteile möglichst zu neutralisieren (solche aus der traditionellen Grammatik wie solche aus eigenen bisherigen Arbeiten) zunächst ein etwas größeres Material zusammen, und zwar (wie schon für die Konjunktive) nach einer Kombination von Zufallsprinzip und Vollständigkeitsprinzip. Wir wählen auf Zufall hin (weil wir brauchbare Ergebnisse vermuten und ein Index zur Verfügung steht) ein Buch (Frisch, Homo Faber); aus dem Buch aber nehmen wir *alle* Belege, die insgesamt oder auf einer bestimmten Zahl zusammenhängender Seiten vorkommen.

Wir wählen also zwar einen Bereich aus, dem wir unsere Belege entnehmen, aber wir nehmen in diesem Bereich immer *alle* Belege und nicht nur diejenigen, die uns beim Durchlesen gerade auffallen (und die meist am besten zu schon vorgefaßten Urteilen passen).

Zunächst ein zahlenmäßiger Überblick: der Index zeigt insgesamt 42 mal „*wird*", 32 mal „*würde*", 25 mal „*werde*", 1 mal „*wirst*"; die restlichen Singularformen „*werdest*" und „*würdest*" sind nicht belegt. Von den 42 Belegen für „*wird*" sind 25 Gefüge mit Partizip oder mit nichtverbalen Einheiten, nur 17 mal haben wir „*wird*" + Infinitiv. Von den 25 mal „*werde*" sind 23 mit Infinitiv verbunden, und zwar sind (gemäß Kontext, da die Phonomorphie keine Unterscheidung ermöglicht) 17 im Indikativ („ich *werde* das nie *vergessen*"), 2 mit großer Wahrscheinlichkeit im Konjunktiv 1. Person („ich hatte gesagt, einmal *werde* ich auch den Maschinenraum *besichtigen*"), eines schwer

entscheidbar („einmal sage ich, daß ich Hanna getroffen habe, daß
ich Hanna *heiraten werde*"). 3 Belege sind Konjunktiv 3. Person („ich
sagte, sie *werde* sich *erkälten*"). Von den 32 Belegen von *„würde"*
stehen 31 in Gefüge mit Infinitiv. Von diesen 31 stehen 21 in 3. Person, 10 in 1. Person. In Tabelle:

	Indikativ		Konjunktiv I		Konjunktiv II	
jemand ⎫ etwas ⎭	*wird tun*	17	*werde tun*	3	*würde tun*	21
ich	*werde tun*	18 (17)	*werde tun*	2 (3)	*würde tun*	10
du	*wirst tun*	1	*werdest tun*	0	*würdest tun*	0

9 A 3 Referierender und konditionaler Konjunktiv unterscheidbar

Wir folgen nun der heuristischen Regel, nicht mit dem (vermutlich) „Unmarkierten" zu beginnen, sondern mit dem „Markierten",
mit dem, was auffällt, aber vermutlich doch als regulär zu betrachten
ist und nicht als Sonderfall (wie beim Konjunktiv I *„Gott sei Dank"*).

Auffällig ist nun zweierlei: die schwache Besetzung des Konjunktiv I und die starke Besetzung des Konjunktiv II (5—6 gegen 32, während wir bei *„sei — wäre"* ein Verhältnis von 29 zu 45 fanden).

Die drei *„werde"*-Gefüge stehen alle in Inhaltssätzen (wir haben
also referierenden Konjunktiv):

1443 (66) ich sagte, sie *werde* sich *erkälten*

1633 (73) . . . hatte ich Angst, er *habe* es erfahren und die ganze Welt
werde es erfahren

1927 (85) man hätte meinen können, es (ihr Haar) *werde* sich im
Geäst der schwarzen Pinie verfangen

Es liegt daher nahe, auch die Belege für *„er würde . . . "* daraufhin
durchzusehen, ob das *„würde"* einen Inhaltssatz signalisiert oder ob
(ggf. auch in Inhaltssatz) konditionaler Konjunktiv vorliegt. Wir
betrachten nur die Belege für die 3. Person, weil hier die Ersatzproben
am deutlichsten sind.

Deutlich konditionales *„würde"*-Gefüge finden wir in folgenden
Belegen:

238 (16) Vielleicht *würde* Sabeth noch *leben*

Ersatz spontan: vielleicht *wäre* sie noch am Leben, *wäre* sie
nicht gestorben, *hätte* sie nicht sterben müssen; Ersatz durch
„werde leben, *wird* leben" ist nicht möglich, er würde die Information völlig verändern. Beim hier gegebenen Zusammen-

hang ist der Konjunktiv II nicht nur „einfach konditional",
sondern zugleich irreal.

2498 (104) Hanna *würde* die Männer, wenn sie nochmals leben
könnte oder müßte, ganz anders *lieben*
konditionaler Konjunktiv (zugleich irreal)

2543 (105) („Ich würde ja nicht abreisen", sagte ich,) „wenn es nicht
feststehen würde, daß das Kind gerettet ist
Möglichkeit noch offen, Irrealität nicht von vornherein gegeben.

3617 (145) Sabeth *würde* es natürlich anders *taufen* — alles
3630 (146) Sabeth *würde sagen* — irreal,
3635 (146) ...., so *würde* Sabeth *sagen*, ... — Sabeth
Sabeth *würde finden* — lebt ja
3639 (146) ich weiß nicht, was Sabeth alles *finden würde* — nicht
mehr

Eindeutig referierenden Konjunktiv, wobei Konditional ausgeschlossen ist, haben wir in folgendem Beleg:

3086 (125) ich hatte nicht wissen können, daß gerade hier ein Teich
entstehen würde
Das sagt Faber nämlich beim Anblick des Teiches, der an einer
unerwarteten Stelle tatsächlich entstanden ist.

Als referierender Konjunktiv ist auch das *würde*-Gefüge in folgendem Beleg zu verstehen:

1034 (49) (eine Flasche ist aus dem 16. Stock auf die Straße gefallen;
Faber geht hinunter), darauf gefaßt, eine Ansammlung
von Leuten zu treffen, Sanität, Blut, Polizei, die mich *verhaften würde*
Der Ersatz ist wohl eher „ich erwarte, daß die Polizei mich
verhaften *wird*" als „daß sie mich verhaften *würde*, wenn ..."
Offenbar ist aus „gefaßt darauf" der Rahmen für den Inhaltssatz zu entnehmen: „ich war darauf gefaßt, die Polizei würde
mich verhaften".

Wir finden also 10 deutliche Belege, in denen *entweder* konditionaler Konjunktiv (8 mal) *oder* referierender Konjunktiv (2 mal) zu verstehen ist. Es bleiben 10 Belege, wo *sowohl* referierender *wie* konditionaler Konjunktiv verstanden werden kann.

Das scheint eine so hohe Zahl von Doppeldeutigkeiten, daß wir genauer zusehen müssen.

9 A 4   Als referierender und als konditionaler Konjunktiv verstehbar

362 (21)   (Ich frage nicht), – vielleicht aus Angst, er *würde* mir *sagen*, Hanna sei nach Theresienstadt gekommen

„Er würde sagen" ist Inhaltssatz zu *„Angst"*; Beweis: *„würde sagen"* ist ersetzbar durch *„werde sagen"*, *„sage" „sagte"*, oder freier durch *„ich müsse hören"* usw.; konditionale Deutung ist aber auch nicht ausgeschlossen: *„Ich fragte nicht, ich hatte Angst; wenn ich ihn fragte, so würde er mir sagen ..., und das könnte ich nicht ertragen."*

Keine der beiden Deutungen kann Ausschließlichkeit, ja nicht einmal größere Wahrscheinlichkeit beanspruchen; für das Gesamtverständnis des Textes macht es nicht viel aus, ob man das konditionale Moment mitversteht oder nicht.

881 (43)   Ich wußte ja genau, wie dieser lange Abend (mit Ivy) *verlaufen würde*, wenn wir nicht ausgingen.

Der *„wenn"*-Satz macht konditionalen Anteil wahrscheinlich; es ist aber ebenso der Ersatz möglich „wie dieser Abend *verlaufen werde*, wenn wir nicht ausgingen" „wie der Abend *verlaufe*, wenn wir nicht ausgingen".

Man könnte vermuten, die Doppeldeutigkeit hänge mit der phonomorphischen Undeutlichkeit von *„ausgingen"* zusammen, das ja Indikativ Präteritum oder Konjunktiv II sein kann; wir setzen also dafür die deutlichen Formen von „daheim sein":

wie der Abend *verlaufen werde, wenn wir daheim* $\left\{ \begin{array}{l} \textit{waren} \\ \textit{wären} \end{array} \right.$

Auch so ergibt sich aber keine eindeutige Lösung, und die verschiedene Verstehensweise (nur referierend oder referierend + Konditional) ist für das Gesamtverständnis der Stelle ziemlich unwichtig.

1246 (58)   Ich sagte mir, daß mich wahrscheinlich jedes junge Mädchen an Hanna *erinnern würde*

Ersatz: *erinnern werde, erinnere.*

Umformung: Ich sagte mir:

jedes junge Mädchen *wird*   mich an H. erinnern

„   „   „   *würde* „ „ „   „

Eine eindeutige Entscheidung für das eine oder andere ist kaum möglich und an dieser Stelle wenig wichtig.

1557 (70) ... ich gab ihr das Feuer ... und fragte, ob sie mich denn *heiraten würde.*

Im gegebenen Textzusammenhang liegt konditionales Verständnis nahe (Umformung: *„Würden* Sie mich denn *heiraten?"* und nicht *„werden* Sie mich denn *heiraten?);* in neutraler Situation sind aber Konditionalität und bloßer Inhaltssatz gleich wahrscheinlich:

A fragte B, ob der C die D *heiraten würde (werde/wird)*
A fragte den B: *wird*   der C die D *heiraten?*
                  würde

1814 (80) ... nur hatte ich Angst, daß sie mir dann nicht *glauben,* beziehungsweise mich *auslachen würde*

ich hatte Angst: { sie *wird* mich auslachen
              { sie *würde* mich auslachen

Beides ist gleich wahrscheinlich.

2144 (92) ... ich dachte nicht einen Augenblick daran, daß es dazu kommen *würde*

Wird es dazu *kommen?*   } daran dachte ich nicht einen
Würde es dazu *kommen?* } Augenblick.

Die konditionale Deutung dürfte wahrscheinlicher sein, aber die andere ist nicht ausgeschlossen.

2267 (96) ... ich wußte nicht, ob sie ihre Augen je wieder *aufmachen würde*

Ob sie ihre Augen je wieder *aufmachen werde*
" " " " " " *aufmachen wird*
" " " " " " *aufmache*
" " " " " " *aufmachte*

Hier liegt wohl die Deutung als bloßer Inhaltssatz näher, ohne konditionales Moment; dieses ist aber nicht ausgeschlossen.

2727 (111) Ich habe ja nicht gedacht, daß die Nacht in Griechenland so kalt *sein würde*

..., daß die Nacht so kalt *sein werde*
                    wäre
                    sei
                    ist } (dann ist das *Fak-*
                    war } *tische* mehr betont)

Das konditionale Moment ist schwächer, aber nicht ausgeschlossen.

2841 (115) Ich dachte, Hanna würde im Wagen warten.

        werde ... warten

        warte

Konditionales Moment liegt ferner, ist aber wohl nicht auszuschließen.

3732 (151) Offenbar hoffte er mehr und mehr auf ein Kind, ein gemeinsames, das ihm die Stellung des Vaters *geben würde.*

„Wir sollten ein Kind haben, zusammen:

  { das *wird* mir die Stellung des Vaters geben."

  { das *würde* mir die Stellung des Vaters geben."

Beide Möglichkeiten sind gegeben; der Entscheid für die eine oder die andere macht hier für das Gesamtverständnis etwas mehr aus als in andern Fällen — aber doch auch nur eine Nuance.

9 A 5 Klärung durch Umsetzen des ganzen Ausdrucks aus „nur erzählt" in „noch offen"

Die Analysen, die in 9 A 4 vorgeführt wurden, sind mühsam, und wir müssen uns daher fragen, ob die Unterscheidung „referierender Konjunktiv Futur" und „konditionaler Konjunktiv Futur" hier nicht *zu scharf* ist. „Hier" heißt dabei — und nun formulieren wir in erstem tastendem Angang eine übergreifende kategoriale Charakterisierung, die auf Grund der Betrachtung der 10 Belegsätze naheliegt: *bei Inhaltssätzen, die im Rahmen von Aussagen über vergangenes (jetzt nur erzähltes) Reden — Auffassen — Denken etwas (damals) erst Erwartetes angeben.*

Wir erproben daher, wie es aussieht, wenn wir die ganzen betr. Sätze nicht als „erzählt" präsentieren, sondern als „noch offen", d. h. wenn wir das Vergangenheitstempus des Originalsatzes (Präteritum, Perfekt) durch Präsens oder wo möglich durch *„will"* und Infinitiv ersetzen.

Zu 362 (21) Ich will nicht fragen — vielleicht habe ich Angst,

    a) er *werde (wird)* mir *sagen,* Hanna sei ...

    b) er *würde* mir *sagen,* Hanna sei ...

Jetzt liegt in a eindeutig referierender Konjunktiv Futur vor, ersetzbar (was umgangssprachlich oft geschieht) durch Indikativ. Die Reaktion, vor der Faber Angst hat (nämlich daß er hören muß, Hanna, die er seinerzeit nicht geheiratet hat, sei ins

Konzentrationslager gekommen), *wird* eintreten, sobald er die Frage stellt. Demgegenüber haben wir in b ebenso eindeutig nicht nur das Verhältnis von Trägersatz zu Inhaltssatz, sondern im Inhaltssatz den konditionalen Konjunktiv Futur; das Eintreten der befürchteten Reaktion wird nicht ohne Einschränkung erwartet; es ist nur zu vermuten, nur denkmöglich, vielleicht dadurch auch für Faber subjektiv etwas weiter weggeschoben, etwas weniger bedrohlich.

Zu 881 (43) Ich weiß ja genau

    a) wie dieser lange Abend *verlaufen wird*, wenn wir nicht *ausgehen*

    b) wie dieser lange Abend *verlaufen würde*, wenn wir nicht *ausgingen*

Auch hier ist der Unterschied eindeutig; in a liegt nur Inhaltssatz vor, in b Inhaltssatz + Konditional.

Zu 1246 (58) Ich sage mir (muß mir sagen)

    a) daß wohl jedes Mädchen mich an Hanna *erinnern wird*

    b) daß wohl jedes Mädchen mich an Hanna *erinnern würde*

Auch hier ist a eindeutig nur Inhaltssatz. Das „Erinnern", das der Sprechende erwartet, mit dem er rechnet, ist nicht als „nur denkmöglich" gekennzeichnet; es *wird* eintreten, sobald er ein (anderes) junges Mädchen sieht. Demgegenüber ist b ebenso eindeutig Inhaltssatz + Konditional, das Eintreten des „Erinnerns" wird als nur denkmöglich bezeichnet („*Vielleicht* wird mich jedes junge Mädchen an Hanna erinnern, vielleicht auch nicht").

Zu 1557 (58) . . . ich will sie fragen,

    a) ob sie mich *heiraten wird*

    b) ob sie mich *heiraten würde*

Hier ist der Unterschied ganz besonders deutlich (und wichtig für die Information!)

Zu 1814 (80) . . . nur habe ich Angst,

    a) daß sie mir nicht *glauben* . . . *wird*

    b) daß sie mir nicht *glauben* . . . *würde*

Auch hier ist der Unterschied sehr deutlich.

Es erübrigt sich wohl, die Probe auch für die restlichen Beispiele vorzuführen.

9 A 6 Vermutung über den generellen Wert der Konjunktive des Futurs und ihre Neutralisation bei Vergangenheit des Trägerausdrucks

Wir sind so zu einer *Vermutung* geführt worden, die wir folgendermaßen formulieren:

Die bisher betrachteten werden-Gefüge haben den semantischen Wert „*erst erwartet*". Dabei enthält der Konjunktiv II „*würde*" wie der Konjunktiv II aller anderen Verben zugleich das Moment „nur denkmöglich, ggf. irreal" (vgl. oben S. 108—109).

Eine klare Unterscheidung von „ohne besondere Einschränkung erwartet" und „als nur denkmöglich erwartet, sich ggf. als irreal erweisend" liegt aber *nur* vor, wenn wir es mit selbständigen Aussagen zu tun haben oder mit solchen Inhaltssätzen, deren Trägerausdruck *nicht* in der Vergangenheit steht (*nicht* nur erzählt wird), sondern als „noch offen" präsentiert ist.

Stehen die Inhaltssätze im Rahmen von Aussagen über vergangenes (jetzt nur erzähltes) Reden — Auffassen — Denken, so ist die obige Unterscheidung *neutralisiert*; das Moment der Konditionalität bei „*würde*", das „nur als denkmöglich gesehen" steckt schon in der „Erwartung im Rahmen vergangenen Redens — Auffassens — Denkens" mit drin, und umgekehrt; nur von Fall zu Fall (vom Gesamtverständnis der betreffenden Stellen gesteuert) wird das eine oder das andere ausgeschaltet.

Wenn diese Vermutung zutrifft, erklärt sich die Häufigkeit des „*würde*" in unsern Inhaltssätzen („*würde*" : „*werde*" = 12 : 3, während wir für das Verhältnis „*wäre*": „*sei*" den Wert 45:29 fanden).

Wir haben nun aber noch folgende Fragen zu beantworten:

a) Wie bewährt sich unsere vorläufige Deutung „erst erwartet" für den Indikativ Futur („*wird*" + Infinitiv)?

b) Signalisiert der Unterschied von Konjunktiv I und II beim referierenden Konjunktiv Futur auch einen semantischen Unterschied, und wenn ja welchen?

c) Wie steht es mit dem „Futur der Vermutung": „Herr X ist nicht da, er *wird* krank *sein*"?

9 A 7 Der Indikativ Futur („wird" + Infinitiv)

Wir betrachten nun die Belege für „*wird*" + Infinitiv, also den Indikativ Futur; es sind insgesamt 16.

Zunächst fällt auf, daß wir auch den Indikativ sehr oft in Inhaltssätzen finden:

213 (15) . . . ich wußte, es *wird* keine Piste *kommen*

1425 (65) Wenn ich mir vorstellte, wie man sich in 24 Stunden *ver-
abschieden wird* —

1835 (81) Sie freute sich auf Tivoli, auf Mama, auf das Frühstück,
auf die Zukunft, wenn sie einmal Kinder *haben wird*
(nicht konditionales „wenn" wie man zuerst vermuten könnte,
sondern eine Erläuterung zu „Zukunft"; man kann nämlich
nicht umformen „wird sie einmal Kinder haben, so freut sie
sich auf die Zukunft".

2326 (98) Ich wußte natürlich, daß sie ihre Frage früher oder später
wiederholen wird

26 (107) Ich konnte mir nicht vorstellen, wie es *sein wird*, wenn
Sabeth aus dem Hospital kommt.

2728 (111) Und dazu keine Ahnung, wohin er uns *führen wird*

3270 (133) Ich habe gewußt, daß es einmal so *kommen wird*,

3759 (151) Hanna hat immer schon gewußt, daß ihr Kind sie einmal
verlassen wird.

Das sind 8 Belege von insgesamt 16. Ein weiterer Beleg steht auf der
Grenze zwischen selbständiger Aussage und Inhaltssatz:

1264 (59) Ich wußte bloß: so *wird* Hanna nie *aussehen*.

Diesen insgesamt 9 Belegen stehen 7 gegenüber, die nicht in Inhaltssätzen stehen:

1711 (77) Es *wird kommen* der Tag, da es überhaupt keinen Verkehr mehr gibt.

2024 (87) . . . das werde ich ihr schreiben, Mama *wird* sich *freuen*

2985 (121) Wenn man nicht mehr da ist, *wird* niemand es *bemerken*.

3012 (122) Meine Operation *wird* mich von sämtlichen Beschwerden
für immer *erlösen*

3396 (137) Hanna *wird* ihm die griechischen Tempel *zeigen*

3484 (140) Ihr Gesicht, das nie wieder da *sein wird* —

3676 (148) Wenn ich wieder zum Bewußtsein komme, *wird* es *heißen*,
ich sei operiert

Der auf Grund von Selbstanalyse (intuitiv) angesetzte semantische
Wert „erst erwartet" erweist sich bisher als haltbar. Er zeigt dasjenige,
was in der traditionellen Grammatik oft logisch-absolut als „Zukunft"
erklärt wird, in einer bewußt relativierten, auf den vor-logischen
Charakter der natürlichen Sprache gerichteten Fassung.

Um den vor-logischen Charakter der Kategorie „Futur" klar zu dokumentieren, verzichten wir bewußt auf den Terminus „Zukunft", der in der deutschen Schul-Terminologie üblich ist und sehr oft in logischem Sinne überdeutet wird. Wir verwenden auch den Terminus „Futur" (wie schon in den vorhergegangenen Abschnitten) im rein technisch-deskriptiven Sinn, nämlich als Etikett für das Gefüge „*werden*" + Infinitiv.

Wir haben demnach:

(jemand) (es)	*wird sein*	(*handeln* usw.)	Futur (Indikativ)
(jemand) (es)	*werde sein*	(„ „)	Konjunktiv I Futur
(jemand) (es)	*würde sein*	(„ „)	Konjunktiv II Futur

Für das „Futurum Exactum", das man auch als „Futur II" bezeichnet, ergeben sich dann die Bezeichnungen „Futur Perfekt" — „Konjunktiv I Futur Perfekt" — „Konjunktiv II Futur Perfekt".

9 A 9   „Erst erwartet — schon eingetroffen"; Vorzeitigkeit — Nachzeitigkeit

Wir müssen nun das Problem „Vorzeitigkeit — Nachzeitigkeit" noch genauer betrachten, denn es spielt hier offensichtlich eine wichtige und noch nicht ganz durchschaute Rolle.

Zur Untersuchung benutzen wir (hier wie für alles, was „Tempus" und Verwandtes betrifft) am besten nicht selbständige Sätze (in denen die Relativität, der Bezug zum Kontext nur implizit gegeben ist), sondern Gefüge aus Teilsätzen, hier am besten aus Inhaltssatz und zugehörigem Trägerausdruck, also etwa so:

A sagte um x Uhr {

: „B *wird* (*würde*) um y Uhr *kommen*" (1a)

, B *würde* (*werde, wird*) um y Uhr *kommen* (1b)

, daß B um y Uhr *kommen würde* (*werde, wird*) (1c)

Beim Verstehen aller dieser Sätze setzt man ganz intuitiv voraus, daß „*y Uhr*" später ist als „*x Uhr*". Das läßt sich überprüfen, indem man Informanten bittet, ihr Verständnis etwa des folgenden Satzes zu formulieren: „*A sagte um 8 Uhr, B werde um 7 Uhr kommen*". Das Ergebnis ist: „*Um 8 Uhr morgens — um 7 Uhr abends*", „*um 8 Uhr abends — um 7 Uhr an einem folgenden Tag*".

Entsprechendes gilt für ein Modalgefüge: „*B wolle, dürfe, müsse, will, darf, muß . . . kommen*".

Wenn das „Kommen" im Augenblick des „Sagen" nicht erst erwartet wird, sondern schon eingetroffen ist, muß eine der folgenden Möglichkeiten gewählt werden:

(2a)		: „B ist um 17.12 gekommen (kam, war
		gekommen)".
(2b)	A sagte um 17.13	, B sei (wäre) um 17.12 gekommen
		, daß B um 17.12 gekommen war
(2c)		gekommen sei
		kam
		gekommen ist

Wenn betont werden soll, daß die Information unsicher ist, kann anstelle einer nichtverbalen Einheit wie „*vielleicht, vermutlich, wohl*" auch Futur Perfekt oder Modalgefüge benützt werden:

(3a)		: „B wird (dürfte, soll, sollte) 17.12
		gekommen sein"
(3b)	A sagte um 17.13	, B wird (werde, soll, solle, dürfte) 17. 12
		gekommen sein
(3c)		, daß B 17.12 gekommen sein werde (wird,
		soll, solle, dürfte)

Soll *weder* „Nachzeitigkeit" noch „Vorzeitigkeit", weder Erwartung (von erst Eintretendem) noch Rückblick (auf schon Eingetretenes) signalisiert werden, so muß gesagt werden:

(4a)		: „B kommt (soeben)"
(4b)	A sagte um 17.13	, B komme (käme) soeben
(4c)		, daß B eben kommt (komme, käme, kam)

Die Probe bestätigt neben der schon früher festgestellten Zeit-Unabhängigkeit der Konjunktive (der Konjunktiv II ist kein „Konjunktiv der Vergangenheit"!) eine bemerkenswerte Möglichkeit des Präteritums: das „kam" steht in 2c in Ersatzreihe mit „gekommen ist, gekommen sei, gekommen war", in 4c dagegen in Ersatzreihe mit „komme, käme"; ein „gekommen sei" „gekommen wäre" ist in 4c ausdrücklich auszuschließen.

9 A 10   Grundsätzliches zur „Fiktionalität" der Sprache überhaupt

Bei all diesen Fragen kommt es offensichtlich *nicht* darauf an, ob der erst erwartete (durch Futur signalisierte) Aussage-Inhalt auch in Wirklichkeit noch nicht eingetreten ist oder ob er längst eingetreten ist, man ihn aber von einem vergangenen Standpunkt her als erst kommend, als erst erwartet darstellt. Ein Beispiel:

„Ich konnte am 9. Dezember noch nicht wissen,
a) daß der Brief mit dem Vertragstext erst am 13. *eintreffen würde (werde)."*
b) ob der Brief mit dem Vertragstext noch in dieser Woche *eintreffen würde (werde)."*

Das konnte der Betreffende, nämlich der Verfasser dieses Bandes, am 12. Dezember 1969 sagen, nachdem telefonisch mitgeteilt worden war, daß der betr. Vertragstext an diesem 12. Dezember vormittags zur Post gegeben worden war, und er nun mit seinen Mitarbeitern darüber sprach, warum er nicht mit diesem Datum des Eintreffens gerechnet hatte. Das „Eintreffen" lag im Augenblick dieses Gesprächs absolut (realiter) noch in der Zukunft, es konnte nur mit ziemlicher Sicherheit für den 13. Dezember erwartet werden, in Anbetracht der normalen Beförderungsgeschwindigkeit für Briefe. Seit dem 15. Dezember 1969 liegt dieses gleiche Eintreffen realiter in der Vergangenheit, denn an diesem Tag kam der erwartete Vertragstext endlich an. Der Verfasser kann aber, wenn er von dem am 12. Dezember geführten Gespräch erzählen will, den oben formulierten Satz, sei es in Fassung a oder b, jederzeit wieder in gleicher Form benutzen, und er wird richtig verstanden. Die Tatsache, daß das „Eintreffen" damals real in der Zukunft lag, jetzt aber real in der Vergangenheit liegt, spielt dabei gar keine Rolle.

Ebenso kommt es offensichtlich für die *sprachliche* Fassung nicht darauf an, ob etwas in Präteritum, Perfekt oder Plusquamperfekt (oder auch im praesens historicum) Dargestelltes *wirklich* geschehen ist oder ob man sich nur vorstellt, daß es so geschehen sei. Die Sprache

gibt — mindestens in ihren Verbalkategorien, die wir hier untersuchen — *keinerlei Handhabe* für ein Urteil über die Realität oder Fiktionalität des Ausgesagten. Ein solches Urteil muß aus anderen Quellen begründet werden.

9 A 11 Verschiedene Sicherheitsgrade in Inhaltssätzen mit „werden" + Infinitiv; Test-Möglichkeiten

Wie sorgfältig man „Wirklichkeit" und „sprachliche Fassung" auseinanderhalten muß, zeigt auch eine Probe, die sich an Satz 881 (43)
des „Homo Faber" anschließen läßt („Ich *wußte ja genau*, wie dieser
lange Abend verlaufen würde, wenn wir nicht ausgingen", vgl. oben
S. 128).
Eine verallgemeinernde Ersatzprobe kann so aussehen:
Jemand *wußte* (schon) in der Zeit a genau,
    wie ein erwarteter, zu erwartender Prozeß in der (späteren,
    aber auch als vergangen betrachteten) Zeit b *verlaufen würde*
                                            verlaufen werde
                                            verlaufen wird
                                            verlaufe
                                            verläuft
                                            verlief
                                            verlaufen muß
                                            verlaufen mußte
                                            verlaufen müsse
                                            verlaufen müßte

Vom Standpunkt des Logikers aus müßte man nämlich darauf hinweisen, daß die *faktische* Information sich bei all diesen verschiedenen
Sätzen gar nicht geändert hat. „Wenn man den Ablauf von etwas erst
Erwartetem schon genau weiß", so könnte jemand argumentieren,
„dann hat es offenbar wenig Sinn, für die Sicherheit dieses Wissens
noch verschiedene Grade anzugeben". Die Beobachtung zeigt aber
gerade das sozusagen *obligate Vorkommen solcher Graduierung.*
Diese steckt offenbar so sehr in den für Inhaltssätze überhaupt zur
Verfügung stehenden verbalen Kategorien, daß sie sogar dort vorgenommen wird, wo das *„genau wissen"* sie (logisch betrachtet) aus-
schließen müßte. Um so deutlicher wird sie, wenn im Trägerausdruck
nicht ein *„genau wissen"*, sondern ein *„denken, annehmen, vermuten,*

sich vorstellen" steht, und noch mehr im Zusammenhang mit *„erwarten, fürchten, hoffen"* usw.

Man kann hier Informanten-Befragungen etwa folgender Art durchführen:

Zu beurteilende Sätze:
A vermutete, B werde nicht kommen (1)
A vermutete, B würde nicht kommen (2)

Erste Frage:
rechnete A in der einen der beiden Fassungen schon bestimmter mit dem Nicht-Kommen von B, oder sind beide Fassungen in dieser Beziehung gleichwertig?

Erste Antwort:

Ich halte die beiden Fassungen für	gleichwertig ☐
	nicht gleichwertig ☐

Zweite Frage (wenn Frage 1 mit „nicht gleichwertig" beantwortet wurde):
Daß B nicht kommt, wird von mir mit größerer Wahrscheinlichkeit erwartet:

wenn ich höre: er *w e r d e* nicht kommen ☐
wenn ich höre: er *w ü r d e* nicht kommen ☐

Ähnliche Tests kann man anlegen für die (schwerer zu bestimmenden) Unterschiede der Wirkung von *„... werde kommen"* gegenüber *„... wird kommen"* und für alle drei Möglichkeiten. Dabei wählt man am besten als Trägerausdruck nicht das Verb *„vermuten"*, sondern z. B. *„fürchten"*.

Vom Verfasser dieses Bandes wird auf Grund seiner Selbstbeobachtung folgendes Ergebnis vermutet:
Bei *„werde"* erscheint das Eintreffen des Erwarteten sicherer als bei *„würde"*
Bei *„wird"* erscheint es ebenfalls als sicherer als bei *„würde"*
Bei *„wird"* gegenüber *„werde"* ergibt sich kein klarer Befund.

Sollte das Ergebnis tatsächlich so aussehen (der Verfasser vermutet es erst, die Tests konnten noch nicht durchgeführt werden), so wäre der folgende linguistische Kommentar angemessen:

Man dachte, es w ü r d e eintreffen	Charakter als Annahme betont, ohne besonderen Hinweis auf Wahrscheinlichkeit oder Unwahrscheinlichkeit der Annahme.
Man dachte, es w e r d e eintreffen	Charakter als Annahme betont, aber zugleich ein Hinweis auf die Wahrscheinlichkeit oder „Nicht-Unwahrscheinlichkeit" der Annahme.
Man dachte, es w i r d eintreffen	kein Zweifel angemeldet (außer der im Rahmenausdruck, hier „dachte", schon enthaltenen Relativierung).

9 A 12 „Grundinformation" für alle drei Modi — besondere Werte der Modi beim Futur

Es muß betont werden: alles in 9 A 11 Gesagte (wenn es sich bestätigt) gilt *nicht generell* für Indikativ, Konjunktiv I und Konjunktiv II, sondern nur für die Modi des Futurs (jemand/etwas *wird sein — werde sein — würde sein*).

Für andere Verben müssen wieder besondere Proben angesetzt werden, z. B.:

Ich dachte, { *er kommt* / *er komme* / *er käme* } *beizeiten (früh genug).*

usw.

Auf Grund solcher Proben läßt sich ein gewisser „Grundwert", eine „Grundinformation" für die drei Modi wahrscheinlich machen, die für alle Verben außer „werden" in erster Annäherung (wenn nicht durch besondere Gebrauchsweise überlagert) angenommen werden kann:

Indikativ (*„er kommt"*)	unmarkiert, keine besondere Einschränkung (aber auch keineswegs besondere Sicherheit)

Konjunktiv I *(„er komme")* ausdrückliche Nicht-Übernahme einer Gewähr für die Richtigkeit — aber auch kein positiver Hinweis auf bloße Denkmöglichkeit

Konjunktiv II *(„er käme")* bloße Denkmöglichkeit, ggf. Irrealität

Als „Normalgebrauch", bei dem diese Grundinformation am deutlichsten hervortritt, läßt sich dann betrachten:

— für den Konjunktiv II der *Konditional* *(„er k ä m e nur, wenn...")*
— für den Konjunktiv I der *Inhaltssatz*, mindestens soweit seine Abhängigkeit nicht durch besonderes Signal (*„daß, ob")* signalisiert wird (also: *„ich dachte, er k o m m e ")*.
— für den Indikativ: alles andere.

Nicht in diese Ordnung einzureihen sind einige von den Gebrauchsweisen, die wir schon als Randphänomene erkannt haben (vgl. die Abschnitte 8 A 10.2 bis 8 A 10.6, oben S. 116—118).

Bei *„wird — werde — würde"* + Infinitiv liegen nun insofern besondere Verhältnisse vor, als hier schon *das Verb selbst*, als Verb, einen ähnlichen Inhalt signalisiert wie sonst die Konjunktive, nämlich „Erwartung", und damit verbunden ein Element des „noch nicht sicher, erst gedacht". Darum kann ein Satz „man dachte, er *werde* es schaffen" u. U. entschiedener wirken als ein Satz „man dachte, er *wird* es schaffen". Ferner macht es hier etwas aus, ob der Trägerausdruck in der Vergangenheit steht oder nicht (vgl. oben S. 130 ff.), während das für die Konjunktivverwendung bei allen anderen Verben weniger oder u. U. gar nichts ausmacht. So kann das *„würde"*-Gefüge geradezu als die *Normalform* erscheinen für einen Inhaltssatz, dessen Trägerausdruck als „vergangen" zu verstehen ist. Das gilt sogar, wenn ein Präsens dasteht („praesens historicum"):

„Um 7 Uhr früh *sagt* er, er *würde* jetzt sofort *gehen*, und um 9 Uhr *ist* er immer noch da. So *war* das mit ihm."

Insgesamt ist *„würde"* viel häufiger als *„werde"* (vgl. oben S. 132), auch in Zusammenhängen, in denen sonst der Konjunktiv I häufiger ist.

Wir werden also auch hier wieder auf das Problem „Vergangenheit — Nichtvergangenheit" gelenkt, das offensichtlich auch für den

Gebrauch der Futurformen und der Konjunktive überhaupt eine noch nicht ganz durchschaute Rolle spielt: so kann man offenbar nach „*wußte nicht*" in einem Inhaltssatz das Futur aller drei Modi verwenden, nach „*weiß nicht*" aber nur den Indikativ und den Konjunktiv II, kaum den Konjunktiv I:

Ich er man	*wußte* nicht	ob daß wann warum	etwas eintreffen	würde werde wird

Ich er man	*weiß* nicht	ob daß wann warum	etwas eintreffen	würde wird

Wir behandeln das Problem „Vergangenheit — Nichtvergangenheit" zusammenfassend in einem eigenen Kapitel, diskutieren aber vorher noch zwei Aspekte des Futurs: das Futur für den *Ausdruck der Vermutung* und den *fakultativen Charakter* des Futurs.

9 A 13   Das Futur als „Vermutung jetziger Geltung"

„Das *wird stimmen*" „Er *wird* in seinem Zimmer *sein*" „Das *wird* doch nicht *wahr sein* — doch, es *ist wahr*".
Spontanes Verständnis und Proben zeigen, daß hier gar keine „Zukunft" vorliegt, sondern eine vermutete Gegenwart:
„Das *wird* stimmen" = „das *dürfte* stimmen, das *stimmt vermutlich*".
Man kann das als eigenen semantischen Wert, als besondere Kategorie ansehen, als „Vermutung in der Gegenwart" gegenüber „Erwartung" für die Zukunft. Man kann es aber auch an den semantischen Wert „erwartet", den wir für alle „*werden*"-Gefüge im „Homo Faber" gefunden haben, recht gut anschließen, nämlich unter dem Aspekt: „Man erwartet, daß es stimmt, daß es sich bestätigt, aber man weiß es noch nicht". Es ist daher wohl besser, hier *keine* eigene grammatische Kategorie anzusetzen. Auch beim Futur für die Darstellung von erst Kommendem kann ja große Gewißheit und große Unsicherheit mit der gleichen Form, mit dem genau gleichen sprach-

lichen Mittel dargestellt werden. Das läßt sich gerade an den Beispielen aus dem „Homo Faber" gut belegen.

Die Sätze 2517 (104), 2720 (111), 2761 und 2762 (beide 113) enthalten insgesamt 5mal das Gefüge „ich werde nicht vergessen" (*„Ich werde diesen Blick nie vergessen — Ich werde es nie vergessen — Ich werde nie vergessen, wie sie auf diesem Felsen sitzt — ich werde nie vergessen: das Meer... — und ich werde nie vergessen, wie Sabeth singt"*). Größere Gewißheit eines Sprechenden in Beziehung auf das, was er durch den Gebrauch des Futurs darstellt, läßt sich wohl kaum denken.

Schon etwas anders ist es mit den Belegen in Satz 3677 und 3680 (beide 148): *„Ich werde es glauben, obschon ich alles weiß — ich werde hoffen, obschon ich weiß, daß ich verloren bin"*. Hier ist zwar der *Wille* eindeutig, die Gewißheit aber nicht so sehr. Und wenn wir nun das werden-Gefüge in Satz 2986 betrachten (S. 121: *„Wenn man nicht mehr da ist, wird niemand es bemerken"*), so finden wir hier als naheliegenden Ersatz: „ ..., so bemerkt das nicht einmal jemand — so bemerkt das bestimmt niemand - so bemerkt das wohl gar niemand". Damit kann man es ebenso als ein Futur der Vermutung wie als ein Futur im Sinne von „Zukunft" verstehen. In der Zukunft liegt ja das *Ganze* dieses Satzes (Faber ist noch da!), also der im Präsens gegebene wenn-Satz *und* der im Futur gegebene Hauptsatz; das Besondere des Futurs ist hier „Vermutung", nicht „Zukunft".

Freilich, in der *Faktizität*, die es aus dem sprachlichen Gebilde zu entnehmen gilt, können wichtige Unterschiede vorliegen. In der Faktizität ist die Unterscheidung „jetzt existierend — erst kommend" oft viel wichtiger als die Unterscheidung „ohne besondere Kennzeichnung ausgesagt — als erst (nur) erwartet ausgesagt". So muß *„er wird krank sein"* verschieden verstanden werden in folgenden Kontexten:

(a) „Warum ist der X nicht da?"   „Er *wird* krank *sein*"
(b) „Sagt ihm nicht, daß der Y am nächsten Montag wieder die Leitung übernimmt. Sonst wird er gar nicht kommen, er *wird* eben krank *sein*, an diesem Tag".

9 A 14   Fakultativer Charakter des Futurs

Schließlich muß auch hier wieder darauf aufmerksam gemacht werden, daß zwar die Kategorie „Futur" für „erst Erwartetes, nur Erwartetes" gebraucht wird, daß aber keineswegs *alles*, was man erst erwartet oder nur erwartet, im Futur dargestellt werden *muß*. Das Futur ist eine *mögliche* Kategorie für die Darstellung von erst Erwartetem, keine *unerläßliche*. Das gilt ganz besonders für das Deutsche, mehr als für andere Sprachen, in denen für bestimmte Ausdrucksweisen das Futur z. T. obligatorisch ist.

Dieser fakultative Charakter des Futurs wird wohl überzeugend deutlich, wenn man z. B. die folgende Stelle aus „Homo Faber" liest (Sätze 3674—78, S. 148):

Morgen *werden* sie mich *aufmachen*, um festzustellen, was sie schon wissen: daß nichts mehr zu retten ist. Sie *werden* mich wieder *zunähen*, und wenn ich wieder zum Bewußtsein *komme, wird* es *heißen*, ich sei operiert. Ich *werde* es *glauben*, obschon ich alles weiß. Ich *werde* nicht *zugeben*, daß die Schmerzen wieder kommen, stärker als je.

Man könnte umformen: „Morgen *machen* sie mich auf, um festzustellen... Sie *nähen* mich wieder *zu*, und wenn ich wieder zum Bewußtsein *kommen werde*, heißt es, ich sei operiert. Das *glaube ich dann*, obschon ich alles weiß. Ich *gebe nicht zu* ..."

Man sieht: auch diese Untersuchung führt wieder, wie jede Untersuchung der verbalen Kategorien, zum Problem der *sprachlichen Darstellung zeitlicher Abläufe überhaupt* und zum Problem der *Fiktionalität der Sprache*. Dieses Problem machen wir, nachdem wir auf dem Weg über die Konjunktive und die Futurformen schon eine Reihe von spontanen Aufschlüssen darüber gewonnen haben, zum Hauptgegenstand des nächsten Kapitels, und wir werden es in Teil III noch öfters aufzugreifen haben.

Aufgaben zu 9

9 B 1 Bestimmen der Futurformen in anderen Texten

Bestimmen Sie alle Futurformen und diskutieren Sie ihren semantischen Wert (vor allem: die Gewißheit der Erwartung) in den Texten von Baudissin (5 B 2.1, S. 72—73) und Handke (6 B 1.2, zweiter Text, S. 89).

9 B 2 Zur Futur-Darstellung in Lehr- und Forschungsbüchern

Diskutieren Sie folgende Darstellungen des Futurs in Lehr- und Forschungsbüchern.

f) Die mit „werde"+Infinitiv umschriebene Form und ihr Passiv (1. Futur)
Aktiv: ich werde fahren, loben, lieben usw.; Passiv: ich werde gefahren
werden, ich werde gelobt werden, ich werde geliebt werden usw.

α) Diese Formen und ihr Passiv drücken aus, daß ein Geschehen vom
Standpunkt des Sprechers aus gesehen noch nicht begonnen hat. Sie heißen
deshalb Futur (1. Futur, unvollendete Zukunft):
Ich *werde* ihn morgen *besuchen*. Das Paket *wird* morgen *ausgetragen
werden*. Du *wirst* noch im Zuchthaus *enden!*
Das noch zu erwartende Geschehen kann wiederum durch Zeitangaben
näher bestimmt werden (einst, bald, morgen, nächstens usw.). Dieses Futur
wird aber gewöhnlich durch das Präsens ersetzt (vgl. 735).
Allgemeingültiges kann vom Sprecher auch als noch nicht begonnenes
Geschehen dargestellt werden (vgl. 725; 740):
Ein guter Mann *wird* stets das Bessere *wählen*. Nie *wird* der Weiden-
baum dir Datteln *tragen* (Herder).
Das 1. Futur steht gelegentlich auch an Stelle des 2. Futurs, und zwar
wohl deshalb, weil die Formen des 2. Futurs zu schwerfällig sind:
Wenn er *kommen wird* (für: gekommen sein wird), werde ich ihm
allerlei zeigen können.

β) Häufig tritt bei der Umschreibung mit „werde" neben dem tempo-
ralen auch ein modaler Aspekt auf. Diese Form drückt dann meist eine
Versicherung, eine Vermutung oder eine Aufforderung aus, oft mit Wörtern entsprechender Bedeutung. Wichtig ist, daß in bestimmten Fällen
dieser modalen Verwendung die temporale Leistung des Futurs völlig
überdeckt wird:
1. Versicherung (meist 1. Person):
Ich *werde kommen*. Wir *werden* es *schaffen*
Ich versichere dem anderen nachdrücklich, daß etwas ganz bestimmt
geschehen wird.
2. Vermutung (meist 3. Person):
Morgen *wird* sicher schönes Wetter *sein*. Das *wird* schon *stimmen*. Die
Sitzung *wird* wohl *beendet* sein.
3. Aufforderung (meist 2. Person):
Du *wirst* mit uns *gehen!* Du *wirst* den Apfel *schießen* von dem Kopf
des Knaben! (Schiller). *Wirst* du still *sein?*

g) Die mit „werde" + *2. Partizip* + *„haben" oder „sein" umschriebene
Form und ihr Passiv (2. Futur)*
Aktiv: ich werde gefahren haben, ich werde gelobt haben, ich werde geliebt haben usw.; Passiv: ich werde gefahren worden sein, ich werde
gelobt worden sein, ich werde geliebt worden sein usw.

α) Diese im Deutschen selten gebrauchten Formen drücken aus, daß sich ein Geschehen vom Standpunkt des Sprechers aus gesehen (meist vor einem anderen Geschehen) in der Zukunft vollendet:

In einer halben Stunde *werde* ich diesen Brief *geschrieben haben,* dann lege ich mich schlafen.

Man nennt diese Formen 2. Futur oder vollendete Zukunft. Vergleiche hierzu auch die „Folge der Tempora im zusammengesetzten Satz" 6415 ff. und 755 f.

β) Häufig drückt das 2. Futur eine Vermutung aus, meist mit dem Wörtchen „wohl" verbunden:

Er *wird* es [wohl] *gewesen sein.* Er *wird* [wohl] nicht umsonst *gelobt worden sein.* Sie *wird* jetzt [wohl] schon eine halbe Stunde auf mich *gewartet haben.* Oder als gefühlsbetonte (unmutige) Antwort auf eine überflüssige Frage: [A.: Wo warst du gestern?] B.: Wo *werde* ich schon *gewesen sein!*

Duden, Grammatik der deutschen Gegenwartssprache, ²1966, S. 102—103.

9 B 2.2 H. Gelhaus

Die Tempora Präsens und Futur I drücken aus, daß das vom Subjekt des Satzes ausgesagte Tun im Zeitpunkt des Sprechens nicht abgeschlossen ist, während Präteritum, Perfekt und Plusquamperfekt es als im Zeitpunkt des Sprechens abgeschlossen bezeichnen. Das Futur II kann sowohl Abgeschlossenheit als auch Nichtabgeschlossenheit ausdrücken. Mit Ausnahme des Futur II lassen sich also alle Tempora in zwei Gruppen ordnen, denen jeweils ein bestimmtes Signifikat zugeordnet ist. Die weitere Untersuchung wird von der Frage bestimmt, ob und — gegebenenfalls — wie sich die Bedeutungen der Tempora innerhalb ihrer Gruppe unterscheiden.

Wir untersuchen zunächst die erste Gruppe. Wenn Präsens und Futur I dieselbe Bedeutung haben, müssen sie in jedem Fall gegeneinander ausgetauscht werden können. Wir wollen dies prüfen, indem wir zu dem schon bekannten Beispielsatz noch zwei weitere hinzunehmen:

1. *Paris, 18. Februar [1965]. Wilson kommt vom 1. bis 3. April nach Paris* (vgl. o. S. 8).

2. **Ich schreibe gerade* [d. h. hier: im Zeitpunkt des Sprechens] *einen Brief.*

3. **Ich fahre nach Hause.*

Im ersten Satz kann das Präsens, wie schon festgestellt (vgl. o. S. 8), durch Futur I ersetzt werden. Der zweite Satz dagegen duldet eine solche Veränderung nicht; die Aussage: **Ich werde gerade* [= im Zeitpunkt des Sprechens] *einen Brief schreiben* wäre in sich widersprüchlich. Beim dritten Satz schließlich läßt sich nicht entscheiden, ob hier auch das Futur I stehen könnte; es kommt auf die Umstände an, unter denen ein solcher Satz gesprochen wird: Wenn jemand im Zug sitzt und seinem Nachbarn mitteilen will, daß er in diesem Augenblick nach Hause fährt, kann er nicht sagen:

Ich werde nach Hause fahren; vor Antritt der Reise wird er dagegen wohl sagen können: **Ich werde nach Hause fahren* und gegebenenfalls den Zeitpunkt des Reisens hinzufügen, z. B.: **Morgen werde ich nach Hause fahren.*

Im ersten Satz also kann sowohl das Präsens als auch das Futur I stehen, im zweiten nur das Präsens, im dritten je nach der Situation, in welcher der Satz gesprochen wird, nur das Präsens oder sowohl Präsens als auch Futur I. Offensichtlich ist dies auf die Zeitbestimmungen zurückzuführen, die in den einzelnen Sätzen ausdrücklich enthalten sind oder — nicht ausdrücklich — durch die Sprechsituation hinzugefügt werden. Im ersten Satz ist es die Angabe *vom 1. bis 3. April [1965]*, im zweiten *gerade*, im dritten je nach den Umständen *in diesem Augenblick* oder *morgen.*

Wir wollen den letzten Satz zweimal fassen, indem wir zunächst die eine und dann die andere Zeitbestimmung hinzufügen. Damit gewinnen wir vier präsentische Sätze, die sich in zwei Gruppen ordnen lassen. In der ersten Gruppe kann das Präsens durch Futur I ersetzt werden:

1. *Paris, 18. Februar [1965]. Wilson kommt vom 1. bis 3. April nach Paris.*

2. **Ich fahre morgen nach Hause.*

In der zweiten Gruppe hingegen kann das Präsens nicht durch Futur I ersetzt werden:

1. **Ich schreibe gerade* [= im Zeitpunkt des Sprechens] *einen Brief.*

2. **Ich fahre in diesem Augenblick nach Hause.*

Aus dieser Beobachtung ist eines schon als sicher festzuhalten: Da Präsens und Futur I sich nicht in jedem Fall gegenseitig vertreten können, müssen sich ihre Bedeutungen trotz einer Gemeinsamkeit unterscheiden. Worin besteht der Unterschied? Um auf diese Frage eine Antwort zu finden, müssen wir untersuchen, warum in der zweiten Gruppe der vorstehend genannten Sätze nicht wie in der ersten das Präsens durch das Futur I ersetzt werden kann. Warum kann es also nicht heißen: **Ich werde gerade* [= im Zeitpunkt des Sprechens] *einen Brief schreiben* und **Ich werde in diesem Augenblick nach Hause fahren?* Beide Sätze werden durch diese Umformung in sich unstimmig, und zwar widerspricht eine bestimmte Angabe in der Futurform den Zeitbestimmungen *gerade* und *in diesem Augenblick.* Diese beiden Angaben legen den Ablauf des jeweiligen Tuns (*schreiben* bzw. *fahren*) auf den Zeitpunkt des Sprechens fest. Damit treten sie in Gegensatz zu jener gewissen Angabe in der Futurform, die ausdrückt, daß ein Tun im Zeitpunkt des Sprechens noch nicht abläuft, oder: daß es noch nicht begonnen hat. Somit haben wir eine neue Hinsicht (vgl. o. S. 9) und eine neue Bestimmung für das Futur I gefunden. Die Form *ich werde fahren* drückt also aus, daß das Tun *fahren* im Zeitpunkt des Sprechens nicht abgeschlossen ist und noch nicht begonnen hat.

Wie verhält sich nun das Präsens in der Hinsicht „Beginn im Zeitpunkt des Sprechens"? Offenbar entscheidet es sich weder in verneinendem noch in bejahendem Sinn. Nur so ist es zu erklären, daß das Präsens sowohl in der ersten als auch in der zweiten Gruppe der oben angeführten Sätze stehen kann; in der ersten Gruppe nämlich handelt es sich um ein Tun, das im Zeitpunkt des Sprechens noch nicht begonnen hat, wie die Zeitbestimmungen *vom 1. bis 3. April* und *morgen* zeigen, in der zweiten Gruppe um ein Tun, das im Zeitpunkt des Sprechens schon abläuft, also schon begonnen hat; dies zeigen ebenfalls die Zeitbestimmungen *gerade* und *in diesem Augenblick.*

Damit sind also Präsens und Futur I voneinander geschieden: Beide Formen drücken aus, daß ein Tun im Zeitpunkt des Sprechens nicht abgeschlossen ist. Das Futur I sagt aber darüber hinaus noch aus, daß das Tun im Zeitpunkt des Sprechens noch nicht begonnen hat; es unterscheidet sich dadurch vom Präsens, welches keine Aussage darüber macht, ob ein Tun im Zeitpunkt des Sprechens schon begonnen hat oder nicht. Diese Information vermittelt der Kontext oder die Sprechsituation.

Das Verhältnis zwischen Präsens und Futur I kann auch so dargestellt werden: Von den beiden Möglichkeiten, die das Präsens offenläßt („nicht abgeschlossen — begonnen" und „nicht abgeschlossen — nicht begonnen"), schaltet das Futur I eine aus, nämlich „nicht abgeschlossen — begonnen". Das Futur I ist also genauer bestimmt. Während das Präsens nur die Information A gibt (nämlich: ein Tun ist im Zeitpunkt des Sprechens nicht abgeschlossen), vermittelt das Futur I die gleiche Information A und dazu noch die Information B (nämlich: ein Tun hat im Zeitpunkt des Sprechens noch nicht begonnen). Daraus folgt, daß das Futur I an gewissen Stellen nicht durch das Präsens ersetzt werden kann; es sind jene Stellen, wo der Sprecher beide Informationen (A + B) vermitteln will, wo aber der Kontext oder die Sprechsituation von sich aus nicht darüber informieren, daß ein Tun im Zeitpunkt des Sprechens noch nicht begonnen hat, oder wo sie sogar eine Entscheidung des Hörers für die Information „im Zeitpunkt des Sprechens begonnen" nahelegen. Ein Beispiel: Bei Carossa heißt es: *Wir kriegen eine andere Witterung, Resi, Sie werden es sehen.* Wenn diese Mitteilung so abgefaßt wäre: *Wir kriegen eine andere Witterung, Resi, Sie sehen es,* würde Resi dem Präsens *sehen* wahrscheinlich (aber nicht unbedingt!) die Information „im Zeitpunkt des Sprechens nicht abgeschlossen, aber schon begonnen" entnehmen; es ist jedoch auch möglich, daß sie die Form im Sinne von „im Zeitpunkt des Sprechens nicht abgeschlossen und noch nicht begonnen" versteht. Die Aussage *Sie sehen es* ist also — im wahrsten Sinne des Wortes — zweideutig. Indem der Dichter sie durch *Sie werden es sehen* ersetzt, schaltet er eine Möglichkeit des Verstehens aus und spricht e i n - deutig.

H. Gelhaus, Zum Tempussystem der deutschen Hochsprache, in: „Der Begriff Tempus — eine Ansichtssache?" Beiheft 20 zum „Wirkenden Wort", 1969, S. 9—12.

10 Die Tempora im engeren Sinn; „vergangen" und „nicht-vergangen"

Nachdem am Problem der Konjunktive und des Futurs das methodische Vorgehen ausführlich vorgeführt worden ist (Materialwahl, Operationen, Vermutung von Kategorien und semantischen Werten, Prüfen dieser Vermutungen am Material) kann dieses Kapitel sehr knapp gehalten werden.

10 A 1   Das Perfekt bei den Konjunktiven und Futurformen

Wir haben im Gegensatz zum üblichen Vorgehen nicht beim Indikativ angesetzt, sondern bei den Konjunktiven. Dabei haben wir gefunden, daß in der Regel nur *zwei* Möglichkeiten für „Tempus" bestehen:

	gehe komme gebe nehme	*ginge käme gäbe nähme*
(er)	*sei gekommen, gegangen*	*wäre gekommen, gegangen*
	habe gegeben, genommen	*hätte gegeben, genommen*

Der kategoriale Wert ist leicht zu greifen: die Perfekte kennzeichnen den im Verb dargestellten Vorgang als *schon durchgeführt, schon abgeschlossen;* sie stellen die „markierte Form" dar. Die Präsentien sind demgegenüber *unmarkiert.* Das Moment „durchgeführt, abgeschlossen" fällt in sehr vielen Fällen zusammen mit *„vergangen"* (= jetzt nur im Rückblick gesehen, jetzt nur *erzählt):*
„Er sagt, diesmal *brauche* er nur eine Stunde, letztes Mal *habe* er allerdings zwei *gebraucht."*
„Er *könnte* es schon diesmal in noch kürzerer Zeit *schaffen,* und er *hätte* es auch schon letztes Mal *gekonnt."*

Das Perfekt ist aber, auch wenn es in 9 von 10 Fällen für die Darstellung von Vergangenem dient, keineswegs auf solche Darstellung *eingeschränkt.* Es kann auch erst Kommendes, erst Erwartetes darstellen:
„Morgen *wolle* er gleich um 8 Uhr kommen, sagt er, dann *habe* er um 10 Uhr schon das Gröbste hinter sich *gebracht."*
„Sie fürchtet eben, morgen *habest* du dein Versprechen schon wieder *vergessen."*

„Das *müßte* er einmal vornehmen — wenn er dieses Problem *lösen
könnte,* dann *hätte* er etwas *geleistet."*

Allerdings ist solcher Gebrauch, wie die Beispiele zeigen, gebunden
an Verben, die ein „Erreichen, Schaffen, Leisten" darstellen. Er ist
aber doch ein Beleg dafür, daß man „Perfekt" keineswegs einfach als
eine „Vergangenheit" sehen darf, obwohl es sehr oft für Vergangenes
gebraucht wird; das Wesentliche ist das Moment „durchgeführt, voll-
zogen, abgeschlossen". Ob dieser Vollzug real in der Vergangenheit
liegt, im Bereich des *Rückblicks,* oder ob er *erst erwartet* wird, das
hängt vom Zusammenhang ab.

Ähnliches wie für die Konjunktive gilt grundsätzlich für die Futurformen:

Um 9 Uhr *wird* er sicher gekommen *sein* (= wird er da sein, bis
dahin müssen wir noch Geduld haben)."

Dabei ist aber beim Futur Perfekt in der Regel das Erwartungs-
moment *nicht* als zeitlich zu fassen, nicht als ein „*erst* erwartet", sondern modal, als ein „*nur* erwartet", de facto als schon geschehen vermutet, aber noch ohne Bestätigung (oder auch „offensichtlich durchgeführte Handlung als vermuteter Grund für bekannten Zustand").

Die *Konjunktive* kommen im Futur Perfekt weniger häufig vor:
„*er werde gekommen sein*" unterscheidet sich eben im Wert nur wenig
von „*er sei gekommen*" (vielleicht ist dabei das nur Vermutete etwas
stärker betont), und „*er würde gekommen sein*" könnte man fast als
eine bloße (voller klingende, vielleicht auch das bloße Erwartungs-
moment noch mehr betonende) phonomorphische Variante (eine Allo-
morphie) zu „*er wäre gekommen*" betrachten. Das dürfen wir nun
allerdings nicht tun: gemäß den Definitionen, die wir in Kapitel 4 für
Phonomorphie und „eigentliche Sprachstruktur" gegeben (gewählt)
haben, besteht kein Zweifel, daß wir auch den Unterschied von
„*wäre*" und „*würde sein*", also von Konjunktiv II und Konjunktiv II
Futur, zur „eigentlichen Sprachstruktur" zu rechnen haben, und zwar
wohl zur Morphostruktur, da ein semantischer Unterschied kaum
intersubjektiv einheitlich aufweisbar sein dürfte. Für genauere Aussagen wäre sowohl ein großes Material (das aus dem im Institut für
Deutsche Sprache in Mannheim gespeicherten Korpus hoffentlich bald
zur Verfügung steht) wie eine Reihe von Tests mit Informanten nötig,
etwa in der Art der Tests, die oben in 9 A 11 (S. 138) dargestellt
sind.

Beim Erzählen hat man oft das Bedürfnis, einen „gestuften Rückblick" darzustellen. Das kann man durch nichtverbale Einheiten signalisieren:

„Er *habe* mit dem A *gesprochen,* aber *vorher habe* er sich noch beim B über den A *erkundigt".*

Es steht aber zur Verdeutlichung auch eine Möglichkeit verbaler Formenbildung zur Verfügung:

„Er *habe* mit dem A *gesprochen,* aber er *habe* sich vorher beim B über den A *erkundigt gehabt."*

Dieses „doppelte Perfekt" gilt zwar als wenig korrekt, aber es kommt vor allem in der Umgangssprache gar nicht so selten vor und es wird anstandslos verstanden, ja meistens gar nicht als „eigentlich unüblich" bemerkt. Das gleiche gibt es für den Konjunktiv II: „Er *hätte* sie beinah *herausgezogen gehabt,* da ließ er sie wieder los." Hier liegt dann auch der Ausdruck durch einfaches Perfekt und nichtverbale Einheit nahe: „Er hätte sie beinah *so weit* gehabt, da . . . "

10 A 3   Stufung im Indikativ: Präteritum und Perfekt gegenüber Plusquamperfekt

Erst jetzt, nachdem wir die in Bezug auf die Zeit-Darstellung einfacheren Verhältnisse bei den Konjunktiven durchschaut haben, wenden wir uns zum Indikativ, wo kompliziertere Verhältnisse vorliegen.

Zunächst können wir unmittelbar anschließen an das „doppelte Perfekt", das wir in 10 A 2 für die Konjunktive festgestellt haben. Ein solches doppeltes Perfekt gibt es auch für den Indikativ, und auch hier ist es umgangssprachlich gar nicht so selten, etwa in einem Beispiel „Er *hat* es halt *verloren gehabt".* Aber an sich steht beim Indikativ für diese Aufgabe eine besondere Form zur Verfügung, und zwar eine Form, die neben dem Finitum nur einen einteiligen, nicht einen zweiteiligen infiniten Teil braucht, das *Plusquamperfekt:* „Er *hatte* es *verloren".*

Der Wert scheint leicht faßlich zu sein: „schon abgeschlossen vor etwas anderem, das auch abgeschlossen und vergangen ist." Demgemäß hat man den Namen „Plusquamperfekt" gebildet (wörtlich: „mehr als perfekt"), und im Deutschen hat man das durch den Namen „Vorvergangenheit" noch zu verdeutlichen versucht. Tatsächlich findet man sehr häufig die Verknüpfung zweier Handlungen, Vorgänge usw. nach dem Muster: *„Nachdem er A getan hatte, tat er B"*.

Die Durchmusterung größerer Texte zeigt aber, daß das Plusquamperfekt wie das Perfekt gelegentlich auch für etwas gebraucht wird, das nicht *vor*, sondern *nach* dem im Präteritum Erzählten liegen muß. Proben zeigen, daß auch dieser Gebrauch als völlig normal aufgefaßt und verstanden wird. Es ist der Verknüpfungstyp:

„Das Kind schüttete Becher um Becher hinein, mit großer Ausdauer, und es hörte nicht auf, bis es den Eimer ganz gefüllt hatte" (Ersatz: *„bis der Eimer ganz gefüllt war")*.

Auch das Plusquamperfekt wird nicht selten als fakultative Form behandelt (vgl. dazu Abschnitt 10 A 5, unten S. 154).

10 A 4 Perfekt gegenüber Präteritum; Austauschbarkeit und besondere Werte

Erst gegen den Schluß unserer Untersuchung kommen wir zu den zwei Tempora, deren semantische Werte am wenigsten klar voneinander zu unterscheiden sind und um die sich daher auch die größten Diskussionen unter den Grammatikern entsponnen haben: *Perfekt und Präteritum*. Traditionell sieht man das Perfekt als eine Art *Präsens;* man betont den „Gegenwartsbezug", so Duden (1966) Ziff. 740: „Diese Formen drücken aus, daß ein Geschehen vom Standpunkt des Sprechers zwar vergangen, aber doch auf seinen Standpunkt bezogen ist. Es geht ihn also noch unmittelbar an."

Der Verfasser dieses Bandes hat bei seinen Arbeiten gefunden, daß man die beiden Kategorien am besten folgendermaßen faßt:
Präteritum = als *vergangen gesehen, jetzt nur im Rückblick,*
nur *erinnert*
Perfekt = als *durchgeführt*, als *abgeschlossen* gesehen.
Insofern etwas „als durchgeführt Gesehenes" oft zugleich „im Rückblick gesehen" wird, stehen also Perfekt und Präteritum *gleichermaßen* zur Verfügung. Nur wo das nicht der Fall ist, wo das „durchgeführt" erst im Vorgriff auf *Kommendes* gelten soll, ist *nur* Perfekt möglich, kein Präteritum.

Bei *beiden* Möglichkeiten, etwas als „nur im Rückblick, nur erinnert" darzustellen, muß man klar vor Augen halten, daß das *nichts* über die Realität oder Fiktionalität aussagt. Beide Kategorien können gleichermaßen für die Darstellung von *wirklich* Geschehenem, *Beweisbarem* wie für die Darstellung von *Fiktivem,* nur als vergangen *Gedachtem* verwendet werden.

Dabei zeigen sich nun aber im Rahmen dieser Äquivalenz kennzeichnende Unterschiede; sie sind im folgenden zu nennen.

10 A 4.1 Zwei Wörter nötig — nur ein Wort nötig

Das *Perfekt* ist immer (mindestens) *zweiwortig;* es entsteht daher bei F-Zweitstellung wie bei F-Spitzenstellung stets eine verbale Klammer; die Hauptsache, der *Inhalt* des Verbs, kommt dann erst am *Schluß* des betreffenden Satzes oder Teilsatzes.

Das *Präteritum* ist *einwortig* oder (in Gefüge mit Modalverben oder im Passiv) zweiwortig — jedenfalls hat es immer ein Wort *weniger* als die entsprechende Form des Perfekts. Liegt kein Gefüge (modal oder passiv) vor, so kann also mit Hilfe des Präteritums der *ganze* verbale Ausdruck bei F-Zweitstellung in der *Mitte* des Satzes konzentriert werden, während im Perfekt die Klammerbildung unumgänglich ist:

„Als Beisitzer *amtete* in den Prüfungen des Vormittags Herr A."
„Als Beisitzer *hat* in den Prüfungen des Vormittags Herr A *geamtet.*"

Mit dem Perfekt ergibt sich also *größeres Gewicht*: größerer Umfang des verbalen Ausdrucks, Klammerbildung; zugleich ergibt sich aber *größere Umständlichkeit.* Mit dem Präteritum ergibt sich die Möglichkeit knapperer, konzentrierterer Aussage. Beides ist wichtig für den Satzrhythmus, und es ist gar nicht selten, daß der Entscheid für Perfekt oder Präteritum primär aus rhythmischen Gründen fällt.

10 A 4.2 Beachtung des Einzelwertes der im Perfekt verbundenen Wörter

Im Präteritum ist der ganze verbale Ausdruck (oder mindestens der ganze „Vergangenheitsanteil") im Finitum konzentriert, als nicht auflösbarer Komplex: „er *kam*" — „er *wollte* kommen".

Im Perfekt dagegen ist der „Vollzugswert" oder „Vergangenheitswert" primär aus dem *Gefüge* zu entnehmen; das Gefüge besteht aus einem Partizip, das an sich nichts mit Tempus und mit Vergangenheit zu tun hat (nur mit „schon durchgeführt" gegenüber „noch als offen zu sehen") und aus einem Finitum, das in gleicher Gestalt auch als einfaches Präsens dienen kann:

Er *ist* gekommen — er *ist* da.
Sie *hat* es gefunden — sie *hat* es in der Hand.

Es liegt daher nicht selten die Möglichkeit nahe, auch das Perfekt statt als „vergangenes Geschehen" als „jetzt vorhandenen Zustand" aufzufassen. Berühmtestes Beispiel ist wohl das Verspaar aus dem „Faust":

Was du *ererbt* von deinen Vätern *hast,*
Erwirb es, um es zu besitzen.

Das kann verdeutlicht werden durch die zwei freien Wiedergaben:

a) Was du *als Erbe hast* von deinen Vätern, . . .
b) Was du *ererbtest* von deinen Vätern, was sie dir hinterlie-
ßen, . . .

Hier liegt die objektive Wurzel für das, was in der traditionellen Grammatik immer wieder als „besonderer Bezug des Perfekts zum Präsens" oder besonderer „Gegenwartsbezug" gesagt worden ist (Duden: „auf den Standpunkt des Sprechenden bezogen"). Es handelt sich aber offensichtlich nur um eine *Möglichkeit* semantischer Ausdeutung, *nicht* um einen *festen,* immer vorhandenen semantischen Wert, und man muß sich hier vor Überdeutung ebenso hüten wie vor völliger Vernachlässigung. So kommt man von „er *ist gegangen*" leicht zu „er *ist weg,* er *ist nicht mehr da*". Aber von „er *hat geschlafen*"? Auf das inhaltlich mögliche „er *ist* nun *ausgeruht*" kommt man ebenso leicht vom Präteritum aus: „Er *schlief* letzte Nacht 10 Stunden, nun ist er gut *ausgeruht*".

10 A 4.3 *Seltsam klingende Lautungen im Präteritum*

Der Einfachheit des Präteritums steht für manche Verben als Nachteil gegenüber, daß die entstehenden Formen eigenartig klingen: „Er *leistete* es — ihr *leistetet* es — du *leistetest* es" usw. Es ist denn auch statistisch nachgewiesen, daß bei solchen Verben viel eher das Perfekt gewählt wird als bei anderen, die ihnen inhaltlich durchaus parallel sind. Umgekehrt kann es vorkommen, daß solche Formen gerade wegen dieser Klanggestalt gewählt werden, als etwas vom „Gewöhnlichen" Verschiedenes.

10 A 4.4 *Ineinandergreifen aller drei aufgewiesenen Faktoren; Grundsätzliches zur Methode*

Aus dem Ineinandergreifen und Durcheinandergehen aller drei aufgewiesenen Faktoren (oder ganzen Faktoren-Komplexe), so glaubt der

Verfasser dieses Bandes, läßt sich das bei der Beobachtung vorgefundene, ziemlich komplizierte Gesamt von Gebrauchsgewohnheiten für Perfekt und Präteritum (= die hier vorliegende Struktur der Einzel-Kompetenzen und ihres umfassendsten Deckungsbereichs, der „Langue" nach Saussure) am befriedigendsten deuten. Die Analyse konnte allerdings bisher nicht so streng geführt werden, wie es bei den Konjunktiven und beim Futur möglich war — das dürfte damit zusammenhängen, daß hier besonders viele verschiedenartige Faktoren zusammenwirken und darum nicht so deutliche Ersatzklassen auffindbar sind.

Das mag zugleich als Beispiel dafür dienen, daß nicht auf allen Gebieten der gleiche strukturell-operationale Ansatz möglich ist und daß es einzelne Bereiche geben kann, bei deren Bearbeitung man nur dann schnell genug zum Ziel kommt, wenn man auf Grund von verhältnismäßig wenigen Proben durch Selbst-Analyse, tastend-intuitiv, die grundlegenden Werte zu fassen sucht und die Objektivität erst im nachhinein testet, indem man nämlich möglichst viele Texte auf Grund der gefundenen Kategorien durchprüft. Diesen nachträglichen Test darf man allerdings auf keinen Fall versäumen, und man muß darauf gefaßt sein, daß sich dadurch Modifikationen der zunächst entworfenen Begriffe ergeben.

10 A 5 Plusquamperfekt als fakultative Form; Blick auf die Diachronie

Das Plusquamperfekt kann oft, wenn die „Stufung des Rückblicks" schon genügend klar gemacht ist, durch Präteritum ersetzt werden: „Das *hatte* er so *gemacht*: er *nahm* ein Blatt Papier, *faltete* es zweimal zusammen, *schnitt* es halb durch . . . "

Von einem streng formellen Standpunkt aus könnte man ja fordern, daß es hieße „er *hatte* ein Blatt Papier genommen, er *hatte* es zweimal *zusammengefaltet*" usw. Solche Strenge wird aber meist nicht durchgehalten, sie würde oft sehr pedantisch wirken. So sagt man z. B. ohne weiteres: „Er *arbeitete* in Z; vorher *war* er zwei Jahre lang in X," anstatt: „vorher *war* er zwei Jahre lang in X *gewesen*."

Dieser fakultative Charakter hängt wohl auch damit zusammen, daß das Plusquamperfekt eine *späte* Zeitform ist, sowohl in der Sprachgeschichte (wir finden im Mhd. oft Präteritum, wo wir heute Plusquamperfekt setzen müssen) als auch beim Spracherwerb durch das Kind (Fehler wie „er lief nach Hause, er vergaß seine Badehose, die wollte er jetzt holen" kommen noch im 4. und 5. Schuljahr vor).

10 A 6 Die verschiedenen Aufgaben des Präsens; Fiktionalität aller Zeitdarstellung in der Sprache

Gegenüber all den verschiedenen Markierungen durch die besprochenen Tempora ist nun das Präsens die „unmarkierte Form", wie der Indikativ gegenüber dem Konjunktiv. Wir fassen es also ausdrücklich *nicht* als „Gegenwart", sondern als „*weder* im Rückblick gesehen *noch* als schon durchgeführt gesehen *noch* als erst erwartet (nur erwartet) gesehen". Das Präsens ist von sich aus in seiner zeitlichen Geltung wesentlich weniger festgelegt als die übrigen „Tempora". Fixierungen auf eine bestimmte zeitliche Geltung erfolgen in Sätzen mit Präsens vielmehr vor allem durch zusätzliche nichtverbale Einheiten oder durch den Kontext. So wird der Satz „Im Jahre 49 überschreitet Caesar den Rubikon" nicht primär auf Grund des „praesens historicum", sondern auf Grund der Zeitangabe „Im Jahre 49" als Darstellung von Vergangenem, von jetzt nur in der Erinnerung Vorgestelltem, identifiziert. Entsprechendes gilt für erst Erwartetes: „*Morgen* fährst du nach Paris, und *in drei Wochen* bist du wieder da".

Auf Grund solch großer Abhängigkeit der zeitlichen Geltung des Präsens von nichtverbalen Einheiten und vom Kontext erscheint es dem Verfasser dieses Bandes wenig sinnvoll, für diese verschiedenen, vom Präsens erfüllten Aufgaben verschiedene Präsenstypen aufzustellen, wie es immer wieder versucht wird. So kann — abhängig vom jeweiligen Kontext und der Situation — das Präsens „*er arbeitet*" sowohl heißen „er arbeitet *in diesem Augenblick*" wie „er arbeitet bestimmt *zu dem angegebenen (kommenden) Zeitpunkt*" wie „er *arbeitete*" (wenn es in einem erzählenden Zusammenhang steht).

Es ist hier ganz besonders wichtig, auf das hohe Maß an *Fiktionalität* in allem Sprachgebrauch und insbesondere in allem Tempusgebrauch zu achten — diese Fiktionalität dürfte gerade beim Präsens besonders groß sein. Daneben ist auch daran zu erinnern, daß wir kein Finitum haben, das „Zeitlosigkeit" darstellt, und daß daher allgemeine Aussagen wie „$(a+b)^2$ ist gleich $a^2 + 2ab + b^2$", sobald man sie verbal darstellen will, auch im „Präsens" erscheinen. Darum erscheint es richtig, dieses Tempus selbst primär *negativ* zu bestimmen, eben als „in allen Hinsichten unmarkiert", und die Markierungen in der jeweiligen Umgebung, in der jeweiligen Gebrauchssituation oder im Kontext zu lokalisieren, nicht im Tempus selbst. Die Einnahme eines festen Standortes in der Zeit, die Beurteilung alles Geschehens von diesem einen Standort aus — das kann das Kennzeichnende bestimmter *Texte* sein, es ist aber sicher *nicht* konstitutiv für die *Sprache selbst* und ihr Verbalsystem, und es finden sich denn auch Texte genug (ja wohl die große Mehrzahl) wo der Leser immer wieder, und oft von einem Satz zum andern, seinen „Zeithorizont" verschieben muß und das auch (meistens ganz unvermerkt) ohne weiteres tut. Im modernen Roman wird diese Verschiebung des Zeithorizonts z. T. ganz bewußt zur Erzielung besonderer Wirkungen (z. B. besonderer „Offenheit") benutzt.

Aufgaben zu 10

10 B 1   Tempora und Genauigkeit der Zeitangaben in der Darstellung eines Historikers

Betrachten Sie den Gebrauch der Vergangenheitstempora und des Präsens in folgendem Text und geben Sie sich Rechenschaft, wie deutlich und durch welche Mittel die chronologische Situierung der einzelnen erzählten Fakten gegeben ist.

Zu ihrer großen Überraschung entdeckten die Archäologen bei ihren Ausgrabungen große Mengen chinesischen Porzellans und Geldes aus der Sungzeit, die den Gegenwert zu Elfenbein, grauem Bernstein, Leopardenfellen und vielleicht Gold darstellen, die im 12. Jahrhundert in beträchtlichen Mengen von Ostafrika nach China ausgeführt wurden. Es ist bekannt, daß sich um 1115 die Höhe dieser Exporte nach China auf 500 000 Recheneinheiten belief, auf welche der Kaiser einen Zoll von 30 Prozent erhob.

1415 verließen afrikanische Botschafter Malindi (an der Küste des heutigen Kenia), um sich nach Peking zu begeben. Zwei Jahre später, als sie die Rückreise antraten, begleitete sie ein hoher kaiserlicher Beamter, Admiral Tscheng Ho, eskortiert von einer ganzen Flotte, nach Malindi. Solche chinesischen Seefahrten in Richtung Afrika waren übrigens etwas sehr Außergewöhnliches. Die chinesischen Schiffe gelangten gewöhnlich nur bis in die arabischen Häfen, wo sie ihre Ladung löschten und den arabischen Schiffern übergaben, die sie zur Verteilung nach Afrika weitertransportierten. Aus diesem Grund finden sich auch keine Spuren chinesischer Handelsniederlassungen an der afrikanischen Küste, und deshalb dürften auch die Bordaufzeichnungen chinesischer Seefahrer kaum nützliche Aufschlüsse über jenen Teil Afrikas liefern, wo man chinesisches Geld und Porzellan aufgefunden hat. Beides dürfte wohl den arabischen Zwischenhändlern als Tauschmittel gedient haben.

Um 1500 änderte sich indessen die chinesische Politik. Die nach innen gewandte Partei siegte über die ozeanische, dem Handel mit dem Ausland günstig gesinnte Partei. Die chinesische Regierung ließ alle Schiffswerften schließen und untersagte bei Todesstrafe den Bau von größeren als zweimastigen Schiffen. Ein Edikt aus dem Jahr 1525 befahl, alle noch bestehenden Handelsschiffe zu verbrennen und die Matrosen einzukerkern. Damit endete der Handel zwischen der afrikanischen Ostküste und China.

Unter dem Wendekreis des Steinbocks

Zum selben Zeitpunkt, da sich die Chinesen auf ihre eigenen Positionen zurückzogen und durch die Vernichtung ihrer Schiffe die Verbindungen mit der Außenwelt abbrachen, umsegelten portugiesische Schiffe das Kap der Guten Hoffnung und gewannen den Zugang zum Indischen Ozean.

Zur gleichen Zeit, da die spanischen Konquistadoren in Amerika die Kulturen der Azteken und Inkas entdeckten, stießen die Portugiesen auf zwei, sogar drei südlich des Äquators gelegene afrikanische Hochkulturen. Am atlantischen Küstenstreifen entdeckten sie das Kongoreich, am Indischen Ozean die Sandschkultur und im Hafen von Sofala vernahmen sie von einem mächtigen, reichen und geheimnisvollen Herrscher, dem im Hinterland ansässigen Monomotapa.

Die den arabischen Chronisten bekannte negro-arabisch-persische Händlergesellschaft der Sandsch wurde von den Portugiesen mit dem Ziel bekämpft, ihren eigenen Handel an Stelle des ausgeschalteten zu setzen, was ihnen aber mißlang.

Welcher „historischen" Wirklichkeit entsprachen damals das Königreich Kongo oder das Reich des Monomotapa? Man stößt beim Versuch einer Klärung dieser Fragen auf Hindernisse, die dem Historiker Afrikas zwar vertraut sind, die sich diesmal aber als unüberwindlich herausstellen. Die erste Klippe besteht im Fehlen jeglichen schriftlichen Dokumentes aus der Zeit vor dem Auftreten der Europäer. Es gibt nichts, das auch nur den spärlichen Hinweisen der Griechen oder den arabischen Chroniken vergleichbar wäre, überhaupt keine anderen Quellen als die Archäologie, die vergleichende Ethnologie und die mündliche Überlieferung, die hier noch ungewisser ist als anderswo. Die wenigen von diesen drei Quellen herrührenden Aussagen werden überdies bis heute eher mit mehr Phantasie als kritischem Geist ausgewertet.

Aus: Fischer Weltgeschichte, Band 32, Afrika, Von der Vorgeschichte bis zu den Staaten der Gegenwart, von P. Bertaux, 1966, S. 111—113.

10 B 2 Tempora und Festigkeit oder Verschiebung des Zeithorizonts in einem modernen Roman

Betrachten Sie den Gebrauch der Tempora in folgendem Text von Peter Härtling (aus „Janek", 1966). Achten Sie insbesondere darauf, wo sich ohne besondere Hinweise der „Standpunkt in der Zeit" verschiebt und der Leser daher, um den Text zu verstehen, diese Verschiebungen mitmachen muß. Zur Situation: Janeks Mutter ist gestorben, er war in der Sterbestunde bei ihr. Dann kam er in ein Erziehungsheim von Nonnen, und jetzt ist er bei seiner Großmutter, wo auch seine Tante Carola wohnt.

Zögernd griff er zur Glocke, sie war nicht laut, wie er es erwartet hatte, lang schwang sie aus. Sie wird kommen. Sie atmete auf seine Stirn, er sah nur Carolas Umriß, ein flauschiger Umhang machte sie groß und breit.

Fürchtest du dich? Das Zimmer ist dir nicht vertraut.

Ich habe keine Angst.

Warum rufst du mich dann?

Es ist hier anders als im Heim.

Du wirst dich eingewöhnen, Janek.

Sie küßte ihn auf die Stirn. Ihre festen, ausgekühlten Lippen streiften seinen Mund und sprachen auf ihn: Schlaf gut, Bursch.

Es war nicht er. Der streckte sich wohlig und wollte einschlafen. Eine entsetzliche, fröhliche Hitze sprengte ihn aber, seine Brust, seinen Hals: Weil ich dich gesehen habe, und wem du auch gleichst, es ist, als ob du bewohnbar wärst, das Feuer streichelte die Muskeln seines Halses, es zündete eine einzige Sekunde an: Seine Zunge fuhr in ihren Mund, schoß wieder zurück. Sie stemmte sich auf ihren Ellenbogen hoch: Bist du verrückt? Wo hast du das gelernt? In deinem Nonnenheim? Sie lachte. Sie ging. Sie kam noch einmal: Du bist ein kleiner Teufel, Janek, tu mir das nicht noch einmal.

Die finstere Haut löste sich von ihm. Er fand sich nicht mehr. Er setzte sich auf den Bettrand, wischte ihr den Schweiß von der Stirn, öffnete die Fenster, taumelte hin und her, rieb die Hand an der Kante der Truhe: Warum hast du mir's angetan, Mama? Als sie ihn holten, hatte er längst aufgehört zu weinen. Er wirkte durchtrieben wie erloschen. Willig schickte er sich in die Leere der täglichen Verrichtungen. Die Nonnen lobten ihn, und er lernte gut.

Peter Härtling, Janek. Porträt einer Erinnerung, Stuttgart 1966, S. 27—29.

10 B 3 Zu Präteritum und Perfekt als Stilmittel

Betrachten Sie die Einheitlichkeit des dargestellten Zeitablaufs und die zur Darstellung benutzten Tempora in den abgedruckten letzten Abschnitten der „Leiden des jungen Werthers" und des „Grünen Heinrich" (Urfassung); achten Sie besonders auch auf den letzten Satz.

Von dem Weine hatte er nur ein Glas getrunken. Emilia Galotti lag auf dem Pulte aufgeschlagen.

Von Alberts Bestürzung, von Lottens Jammer laßt mich nichts sagen.

Der alte Amtmann kam auf die Nachricht hereingesprengt, er küßte den Sterbenden unter den heißesten Tränen. Seine ältesten Söhne kamen bald nach ihm zu Fuße; sie fielen neben dem Bette nieder im Ausdruck des unbändigsten Schmerzens, küßten ihm die Hände und den Mund, und der älteste, den er immer am meisten geliebt, hing an seinen Lippen, bis er verschieden war und man den Knaben mit Gewalt wegriß. Um Zwölfe mittags starb er. Die Gegenwart des Amtmannes und seine Anstalten tuschten einen Auflauf. Nachts gegen Elfe ließ er ihn an die Stätte begraben, die er sich erwählt hatte. Der Alte folgte der Leiche und die Söhne, Albert vermocht's nicht. Man fürchtete für Lottens Leben. Handwerker trugen ihn. Kein Geistlicher hat ihn begleitet.

Goethe, Die Leiden des jungen Werthers, 1774.

Er schrieb alles an den Grafen; aber ehe eine Antwort da sein konnte, rieb es ihn auf, sein Leib und Leben brach und er starb in wenigen Tagen. Seine Leiche hielt jenes Zettelchen von Dortchen fest in der Hand, worauf das Liedchen von der Hoffnung geschrieben war. Er hatte es in der letzten Zeit nicht einen Augenblick aus der Hand gelassen, und selbst wenn er einen Teller Suppe, seine einzige Speise, gegessen, das Papierchen eifrig mit dem Löffel zusammen in der Hand gehalten oder es unterdessen in die andere Hand gesteckt.

So ging denn der tote grüne Heinrich auch den Weg hinauf in den alten Kirchhof, wo sein Vater und seine Mutter lagen. Es war ein schöner freundlicher Sommerabend, als man ihn mit Verwunderung und Teilnahme begrub, und es ist auf seinem Grabe ein recht frisches und grünes Gras gewachsen.

G. Keller, Der Grüne Heinrich, 1855.